王旭龙 绘
罗振江 校

[上册]

科学普及出版社
·北　京·

图书在版编目（CIP）数据

山海经画传 / 王旭龙绘；罗振江校 . —北京：科学普及出版社，2023.1

ISBN 978-7-110-10521-4

Ⅰ. ①山… Ⅱ. ①王… ②罗… Ⅲ. ①历史地理—中国—古代 ②《山海经》—图解 Ⅳ. ① K928.626-64

中国版本图书馆 CIP 数据核字（2022）第 217549 号

总 策 划	秦德继
策划编辑	林镇南　王寅生
责任编辑	王寅生
封面设计	锋尚设计　邵京辉
正文设计	中文天地
责任校对	吕传新
责任印制	马宇晨

出　　版	科学普及出版社
发　　行	中国科学技术出版社有限公司发行部
地　　址	北京市海淀区中关村南大街16号
邮　　编	100081
发行电话	010-62173865
传　　真	010-62173081
网　　址	http://www.cspbooks.com.cn

开　　本	787mm × 1092mm　1/16
字　　数	600千字
印　　张	64.25
版　　次	2023年1月第1版
印　　次	2023年1月第1次印刷
印　　刷	北京盛通印刷股份有限公司
书　　号	ISBN 978-7-110-10521-4 / K·213
定　　价	398.00元（全两册）

十年

我与《山海经》结缘已经十余年了，连我自己都没有想到我会如此热爱这部古籍，而且这份热爱依旧在继续。

如今，到了给这十年做一个总结的时候了。

2015 年我出版了线稿版《人神异兽录：山海经画传》，2018 年出版了全彩版。到今年，这四年间，我会时不时地回看这 470 多幅图，每看一次就会发现很多不完美的地方，甚至一度我想全部重新绘制。

可是冷静下来一想，这又有多大意义呢？重新绘制四百多个人神异兽，可能每个造型都不一样，色彩也会更绚丽，画工会更精湛，但在我看来，这终归是一项重复的工作，难道每隔几年我就要重新绘制四百多幅图来展示自己的进步吗？

我想，过去十年就让它过去吧。青春虽不完美，但青春是唯一的，是不可复制的。虽然我并不想做重复的工作，但是可以做一些修补的工作以达到我心中的“不留遗憾”。这次我修改了三十余幅作品，这三十余幅作品是我认为不得不改的，是我无法接受的，如果不改就会留有遗憾；而在文字方面，也请了专家做了校订，尽力做到准确和权威。所以，这个版本可以为过去十年做一个总结，为我的《山海经》青春画上一个句号。

接下来，我想做点不一样的，当然还是围绕着我热爱的《山海经》。

这十年国内出版了各种各样的山海经画集，大多数精美漂亮，各种风格，交相辉映；而灵感来源于《山海经》的各种影视作品也是层出不穷，《山海经》俨然成了神话担当和人们汲取灵感的宝藏。

我不想重绘山海经人神异兽的主要原因也在此，已经有那么多精美的画集了，我没有必要再去锦上添花了，而且，锦上添花也是很难的事情，很容易就会变成狗尾续貂。

过去十年，我的所有精力都聚焦在了人神异兽上面，然而《山海经》中还有其他很多内容值得留意。今年，我的《山海总图》在摩点众筹成功，也是通过绘制这样一幅地图，我才发现，除了人神异兽,《山海经》依然大有可为。

《山海经》中的山川河流、植物、矿物很容易被忽视，然而这些内容也占了《山海经》一半的体量。也就是说，我们一直在琢磨的人神异兽也只是占了《山海经》内容的一半而已，剩下的一半，少有人问津。

接下来，我想琢磨一下这剩下的一半内容，这样才是完整的《山海经》。

“山海宇宙”在我脑中逐渐显现。我想做一个类似山海经百科的东西，绘制山川河流、植物、矿物，同时将人神异兽细化，翻开这本书，读者仿佛置身于上古洪荒年代。

这是一个野心，我不知道能否完成，但我很确定，这件事是我下一个十年要做的。

第一个十年在这一版中画上句号，青春已逝，好在没有留下什么遗憾，下一个十年即将开启。

感谢前辈学者和各种创作者的优秀作品滋养了我，让我从中学到很多；感谢每一位读者，没有你们的支持就不会有今天的我，是读者成就了我对《山海经》的热爱，我会虚心接受每一位读者的意见和建议，汲取营养，努力提高。

最后，将线稿版和全彩版的序言附在后面，算是一个完整的成长轨迹，其中各种心路历程都有描述。这一路走来，各位读者见证了我的成长，承蒙厚爱，感谢包容，下一个十年，我们“山海宇宙”再见。

王旭龙

2022 年 7 月

全彩版序言

如果从动笔画第一幅图开始算起，距今已有八年的时间了，这本书里的 470 余幅图在这八年时间里扮演了重要的角色。

2015 年 5 月，这些图的黑白线稿以《人神异兽录：山海经画传》为名结集出版。当时对这些图我已经有些厌倦，前前后后耗费了五年多的时间，让我感到审美疲劳同时身心疲惫。我只想赶快把这些图出版，然后短时间内就再也不想看到它们了。但我是一个毫无名气的画师，对出版行业也完全不了解（当初画这些图也不是为了出版成书，具体缘由在线稿版的序言里有详述，此处不再赘述），而且市场上几乎没有同类书可以供我参考，一时间茫然无头绪。

幸运的是，后来这本书顺利出版。让人欣喜的是，书出版后受到了不少读者的喜爱，虽然只是黑白的线稿，虽然还有一些不完善的地方，但读者的喜爱对我来说才是最珍贵的。网上的评论我看了很多，对每一句赞扬我都感到诚惶诚恐，因为我深知自己的不足；对每一份批评、意见或者建议，我都谨记于心，希望可以从中汲取营养，提高自己的水平，拿出更好的作品，让更多的读者满意。

在众多的意见和建议中，有很多读者希望看到彩色的人神异兽，黑白的线稿有一种不解渴、不过瘾的感觉。其实在黑白线稿出版前也探讨了直接出彩色版的可能，可我当时对这些图有一些疲惫，提不起兴趣，就像高考后的学生，一心一意想着一万种放松的方式；同时我也认为自己的绘画水平并没有长足的进步，不敢下笔，怕辜负大家的期待；最主要的是时间，如果当时上色的话，没有两三年恐怕我是无法完成的。但我深知在奇幻世界里没有色彩有多么让人难以接受，所幸读者对黑白线稿有着极大的包容，这才有了这个全新、全彩的版本，希望这个版本来得不算太迟。

很高兴看到在《人神异兽录：山海经画传》出版后，同类出版物渐渐多了起来，从《山海经》中汲取灵感的影视作品也愈发丰富。越来越多的关于《山海经》中人神异兽的绘画作品被读者喜爱，这些作品风格不同，视角不同，都有着非凡的创造力，从中我学到了不少东西，对《山海经》也有了新的认识，对传统文化也有了更深刻的认知。我时常会想，其实不止《山海经》，传统文化中有很多精髓需要被更多关注、推广和普及，以一种更易于被大家接受的、这个时代特有的方式。经典，在每个时代都会发光。

如果将来我的绘画水平有了长足的进步，对《山海经》的理解也到了更高的水平，我希望可以重新创作这些人神异兽，不过这应该是很遥远的事情了，或许永远也不会发生。

这个版本是给期待着彩色版读者的一份答卷，我尽了最大的努力，希望你们能够喜欢；这个版本也是这些年我对《山海经》的一个总结，毕竟我与这些图已经相伴八年；同时，也给即将进入而立之年的我一份礼物，激励自己变得更好，去实现更大更多的梦想。

最后，要感谢对《山海经》的研究做出卓绝贡献的前辈学者们，他们的著作让我受益良多；要感谢我的朋友们，他们对上色提出了很多有益的意见和建议；要感谢每一位读者，没有你们就不会有这本书，希望这本书能够得到你们的喜爱，这将是对我最大的鼓励。再鞠一躬，以示挚诚。

王旭龙

2018 年 1 月

线稿版序言

如果从动笔画第一幅图开始算起，距今已有五年多的时间，五年多画 470 余幅图貌似也不算什么，但这个过程对我这个年轻人来说却像是一次修炼，在我的人生中留下了一道清晰的不可磨灭的印记。

从小我就喜欢绘画，同时也喜欢中国的传统文化，但就像大多数人一样，爱好只停留在表面，直到考上了大学，选择动画专业，才算将我的爱好逐渐系统化、正规化。

在大二的时候，闲暇无事我便画了人生中第一幅山海经神兽图，只是画完之后一看奇丑无比，又画了很多幅，丝毫没有起色，但我根本也没当回事，就扔在了一边，一直到大四都再也没有动笔画过。

跟很多人一样，面对大四，面对即将进入的社会，面对成长的烦恼，我突然感觉有点看不清未来，找不到方向，有一段时间，几乎每一天都会感到烦躁，做什么事情都静不下心来，心情也变得越来越差。我告诉自己不能这样，要做一些事情，但做什么却是毫无头绪。

这时，我的另一个爱好让我找到了切入点。在图书馆里，随意地翻着有关中国传统文化的书籍，正好翻到《山海经》，本能地看了看图，这些古图实在是让我觉得有些“惨不忍睹”，好歹《山海经》也记载了不少中国神话，至少里面有不少神兽，可是书上的这些图很难让我联想到神话，跟我脑中想象的形象也有着天壤之别，于是我便动了这个念头——将我脑中的神兽画出来，以符合现代人审美的方式呈现。

我马上兴致冲冲地画了第一幅图，只是画完之后兴致大减。原来，想得容易，画出来难，我看着自己这第一幅画暗笑自己还有脸嘲笑古人的图。接着，我又试着画了几幅，兴致降到冰点，我甚至开始怀疑这几年是不是白学了，怎么一幅比一幅丑，完全不像自己脑中想象的那么酷，我真切地感受到了理想和现实的差距，简直让人不忍直视。

接下来的几天我依旧不死心，又努力地画了好几幅，得到的不是峰回路转，而是冷水一盆，我决定放弃了，画这些并没有让我得到乐趣，反而让我有些开始怀疑自己的能力。

这一放就是好几个月，直到要做毕业设计却又苦苦找不到好的题材，《山海经》便又从我脑中冒了出来。我又试着画了一幅，可能是心境有了些许改变，也可能是当时状态正佳，下笔有神，一气呵成，画完之后竟然觉得前所未有的满意，拿给导师看也得到了肯定，这完全出乎我的意料，于是我就像打了鸡血一样豪言要把《山海经》里的人神异兽都画出来！

毕业设计很顺利，只是豪言落了空，直到毕业前，算上毕业设计时的作品，我一共画了一百余幅图，满意的却没有几幅，而整部《山海经》粗算也得有几百个人神异兽，我感到有些失落。

离开学校开始工作后，这份失落不但没有遗失在角落，反而会时不时地出来“骚扰”我一下，总让我感到自己是一个失败者、逃避者，虽然这不是什么大不了的事，但对于我这个有时爱争强好胜爱和自己较劲的人来说，这种“骚扰”无异于挑衅，我忍不了！

画！画完它！画到满意为止！

为了不让自己再次半途而废，动笔前我便给自己下了军令状——画不完就鄙视死自己，必须保证每天都画，不能间断。

其实如果能够下了这个决心，事情就完成了一半，剩下的就是坚持，是男人对承诺的信守。只是坚持二字说出来容易做起来真是让人备受折磨，当你画完一两百幅图时会发现后面还有这么多，当你认认真真坚持了一年发觉已经很牛的时候会发现后面可能还需要一年或两年甚至更长，这是种遥遥无期的感觉，半途而废是很正常的。我告诉自己何苦呢，何必这么累，又没有什么好处，还得在下班后的业余时间完成，得到与失去、投入与产出严重不成比例。

但是我也知道，如果所有事情的出发点都是有利可图，那么人生将会失去很多重要的体验。经过几次三番的斗争，我决定一定要把这个事情完成，不为什么，就是要坚持不懈地完成一件事，是一种历练，也是一种修行。我每天都会给自己一个目标，不完成决不罢休，连大年三十都没有放过。

在画完最后一幅图的时候，时间过去了三年多，画完的一瞬间，心情却变得很平静，我完成了，实现了对自己的承诺，我可以去完成下一个计划了——出发啦，不要问那路在哪，迎风向前，是唯一的方法。

虽然很多人都感慨于我的这份坚持和努力，但如果没有我的朋友和同事们的鼓励和赞美，恐怕我终将会半途而废，对一个八零后来说，这些鼓励和期许的目光显得尤为重要。这本书不单单是由一幅幅图组成，这里面蕴含着我的青春故事，希望可以给读者带来哪怕一丝愉悦，对我来说也是莫大的荣耀。

最后，需要说明的是，《山海经》是一部古籍，后人对《山海经》的考证非常多，我在画这些图的时候也参考了不少这方面的著作，对这些作者表示衷心感谢。尤其在字音字形方面，我查阅多个版本，力争做到准确，有争议的地方经过多次权衡进行了取舍，尽管如此，可能依旧会有错误，我会虚心接受朋友们的批评和指正，先鞠一躬，以表诚心。

王旭龙

2015 年 3 月

目录
CONTENTS

下册

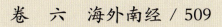

卷一
南山经

狌狌

原文

（招摇之山）有兽焉，其状如禺而白耳，伏行人走，其名曰狌狌（音猩），食之善走。

译注

招摇山上有一种野兽，样子像长尾猴，头上长着一对白色的耳朵，既能匍匐也能直立行走，名字叫狌狌，吃了它的肉，可行走飞快。

原文

（杻阳之山）有兽焉，其状如马而白首，其文如虎而赤尾，其音如谣，其名曰鹿蜀，佩之宜子孙。

译注

杻阳山上有一种野兽，样子像马，长有白色的头，身上的斑纹像老虎，一条红色尾巴，叫声如同人在吟唱，名字叫鹿蜀，人披上它的毛皮可使子孙繁衍不息。

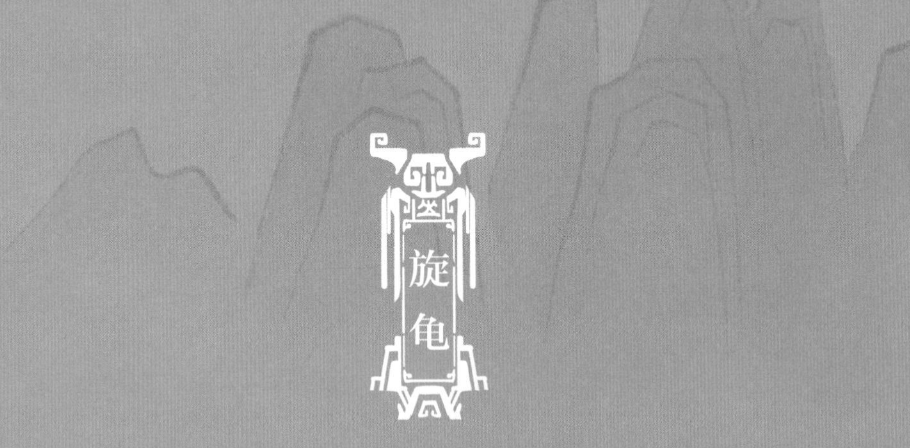

原文

（杻阳之山）怪水出焉，而东流注于宪翼之水。其中多玄龟，其状如龟而鸟首虺（音毁）尾，其名曰旋龟，其音如判木，佩之不聋，可以为底（同胝）。

《中山经》：又西七十二里，曰密山，其阳多玉，其阴多铁。豪水出焉，而南流注于洛，其中多旋龟，其状鸟首而鳖尾，其音如判木。

译注

怪水从杻阳山发源，向东流注入宪翼水。怪水中有很多红黑色的龟，样子与普通的乌龟类似，长着鸟的头、毒蛇的尾巴，名字叫旋龟，它的叫声像劈开木头的声音，将其佩戴在身上，耳朵不会聋，还可治疗足底的老茧。

据《中山经》记载，再往西七十二里，叫作密山，山的南面多产玉石，北面多产铁。豪水从这里发源，向南注入洛水，水中多旋龟，长着鸟的头和鳖的尾巴，叫声就像劈开木头的声音。

原文

（柢山）有鱼焉，其状如牛，陵居，蛇尾有翼，其羽在魼（同胁）下，其音如留牛，其名曰鯥（音陆），冬死而夏生，食之无肿疾。

译注

柢山有一种鱼，形状像牛，栖息在山坡上，长着蛇一样的尾巴且翅膀长在肋下，鸣叫的声音像犁牛，名字叫鯥，冬天蛰伏而夏天苏醒，吃了它的肉可使人不患痈肿疾病。

原文

又东四百里，曰亶爰（音蝉园）之山，多水，无草木，不可以上。有兽焉，其状如狸而有髦，其名曰类，自为牝牡（音聘母），食者不妒。

译注

再往东四百里，有座亶爰山，山间多水，山里不长草木，这座山非常险峻不可攀登。山里有一种野兽，形状像野猫长着鬃毛，名字叫类，一身具有雄雌两种生殖器官，吃了它的肉使人不产生妒忌心。

原文

（基山）有兽焉，其状如羊，九尾四耳，其目在背，其名曰猼訑（音博施），佩之不畏。

译注

基山有一种样子像羊的怪兽，长有九条尾巴四只耳朵，眼睛长在背上，名字叫猼訑，佩戴它的皮毛可以不知恐惧。

原文

（基山）有鸟焉，其状如鸡而三首六目、六足三翼，其名曰鹇鸺（音敞夫），食之无卧。

译注

基山还有一种鸟，外形像鸡，长着三个脑袋、六只眼睛、六条腿和三只翅膀，名字叫鹇鸺，吃了它的肉，人们就会精神亢奋睡不着觉。

原文

（青丘之山）有兽焉，其状如狐而九尾，其音如婴儿，能食人，食者不蛊。

《大荒东经》：有青丘之国，有狐，九尾。

译注

青丘山中有一种灵兽，样子像狐狸，九条尾巴，叫声像婴儿啼哭，能吃人，人吃了它的肉可不中妖魔邪气。

据《大荒东经》记载，在青丘国，有一种狐狸，有九条尾巴。

原文

（青丘之山）有鸟焉，其状如鸠，其音若呵，名曰灌灌，佩之不惑。

译注

青丘山有一种禽鸟，形状像斑鸠，鸣叫的声音如同人在互相斥骂，名字叫灌灌，把它的羽毛佩戴在身上可使人免受迷惑。

原文

（青丘之山）英水出焉，南流注于即翼之泽。其中多赤鱬（音儒），其状如鱼而人面，其音如鸳鸯，食之不疥。

译注

英水发源于青丘山，向南注入即翼泽。水中有大量的赤鱬，形状像鱼，长着一张人脸，叫声如同鸳鸯，人吃了它的肉可以免生疥疮。

鸟身龙首神

原文

凡䧿（同鹊）山之首，自招摇之山，以至箕尾之山，凡十山，二千九百五十里。其神状皆鸟身而龙首。其祠之礼：毛用一璋玉瘗（音义），糈（音许）用稌（音涂）米，白菅（音尖）为席。

译注

整个鹊山山系，自招摇山到箕尾山，一共有十座山，途经二千九百五十里。这些山的山神都是鸟身龙首。祭祀这些山神的礼仪如下：要把祭祀所用的牲畜（如牛、羊、鸡、狗、猪等）和璋玉一起埋入地下，祭祀的精米用稻米，用白茅做山神的座席。

原文

（柜山）有兽焉，其状如豚，有距，其音如狗吠，其名曰狸力，见则其县多土功。

译注

柜山上有一种野兽，样子像猪，长着鸡距（指雄鸡腿的后面突出像脚趾的部分），声音如同狗叫，名字叫狸力，它出现的地方往往会伴有繁多的水土工程。

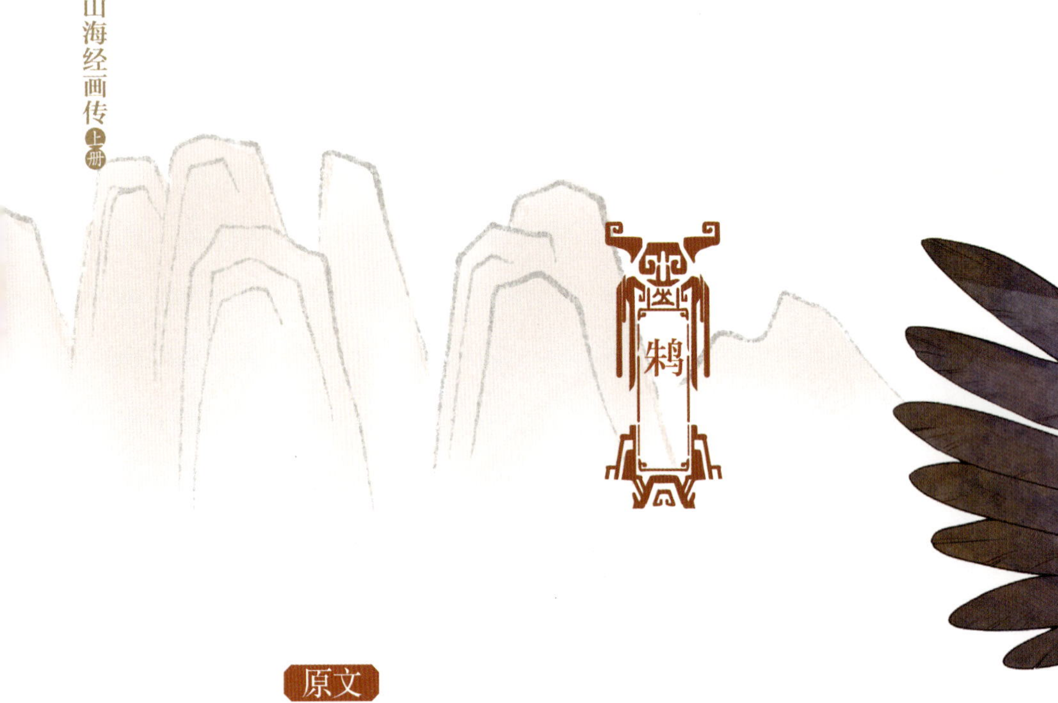

原文

（柜山）有鸟焉，其状如鸱（音吃）而人手，其音如痺（音悲），其名曰鴸（音朱），其名自号也，见则其县多放士。

译注

柜山还有一种鸟，形状像鹞鹰，脚趾像人手，叫声像雌鹌鹑，名字叫鴸，叫声就是它的名字，出现的地方会有众多才智之士被流放。

长右

原文

（长右之山）有兽焉，其状如禺而四耳，其名曰长右，其音如吟，见则其郡县大水。

译注

长右山上有一种野兽，长得像长尾猴，四只耳朵，名字叫长右，叫声像人的呻吟，出现时所在的郡县会发生大水灾。

原文

（尧光之山）有兽焉，其状如人而彘鬣，穴居而冬蛰，其名曰猾褢（音滑怀），其音如斫（音啄）木，见则县有大繇。

译注

尧光山有一种野兽，形状像人，长着猪一样的鬣毛，住在山洞里，冬天蛰伏不出，名字叫猾褢，叫声如同砍木头发出的声音，出现时所在的县会有繁重的徭役。

原文

（浮玉之山）有兽焉，其状如虎而牛尾，其音如吠犬，其名曰彘，是食人。

译注

浮玉山中有一种野兽，样子像老虎，长着牛尾巴，叫声如同狗吠，名字叫彘，会吃人。

原文

（洵山）有兽焉，其状如羊而无口，不可杀也，其名曰䑏（音环）。

译注

洵山有一种野兽，长得像羊但没有嘴巴，不吃东西也不会死，名字叫䑏。

原文

（鹿吴之山）泽更之水出焉，而南流注于滂水。水有兽焉，名曰蛊雕，其状如雕而有角，其音如婴儿之音，是食人。

译注

泽更水发源于鹿吴山，向南流注入滂水。水中有一种兽，名字叫蛊雕，样子像大雕，头上长角，叫声像婴儿啼哭，会吃人。

《事物绀珠》中记载："蛊雕如豹，鸟喙一角，音如婴儿。"也就是说不同书里记载的蛊雕是不一样的，有雕、豹两种形态。

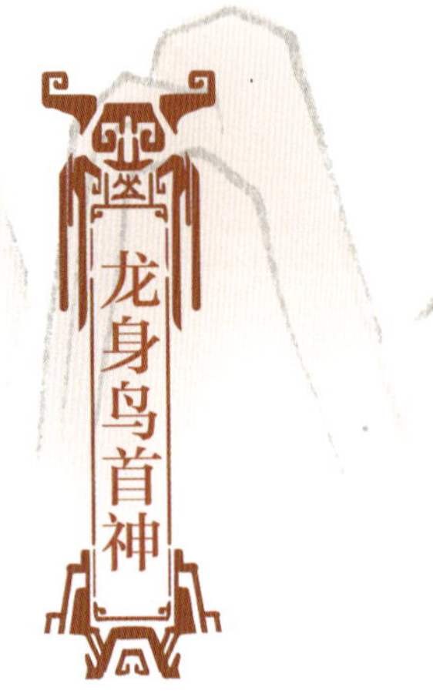

凡南次二山之首，自柜山至于漆吴之山，凡十七山，七千二百里。其神状皆龙身而鸟首。其祠：毛用一璧瘗，糈用稌。

译注

南方第二列山系，从柜山到漆吴山总共十七座山，途经七千二百里。诸山山神都是龙身鸟头。祭祀山神，要用一块璧和所祭祀的不同毛物（猪、鸡、狗、羊等）一同埋在地里，祭祀的精米用稻米。

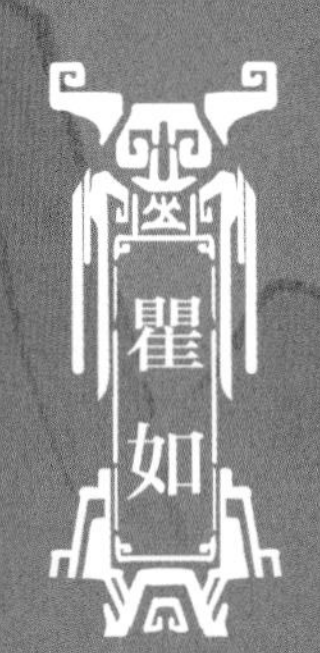

原文

（祷过之山）有鸟焉，其状如䴔（音交），而白首、三足、人面，其名曰瞿如，其鸣自号也。

译注

祷过山里有一种鸟，形状像䴔，白色的脑袋，长着三只脚，还有一张人脸，名字叫瞿如，它鸣叫的声音跟它的名字一样。

虎蛟

原文

（祷过之山）泿水出焉，而南流注于海。水中有虎蛟，其状鱼身而蛇尾，其音如鸳鸯，食者不肿，可以已痔。

译注

泿水发源于祷过山，向南流注入大海。水中有虎蛟，身形像鱼，长着蛇的尾巴，叫声像鸳鸯，吃了它的肉可以不患痈肿病，还可医治痔疮。

凤皇

原文

（丹穴之山）有鸟焉，其状如鸡，五采而文，名曰凤皇，首文曰德，翼文曰顺，背文曰义，膺（音英）文曰仁，腹文曰信。是鸟也，饮食自然，自歌自舞，见则天下安宁。

译注

丹穴山有一种鸟，样子像鸡，身有五彩斑纹，名叫凤皇，头上的花纹呈“德”字，翅膀上的花纹呈“顺”字，背上的花纹呈“义”字，胸脯上的花纹呈“仁”字，肚子上的花纹呈“信”字。这种鸟饮食从容不迫，自己唱歌跳舞，只要出现就会天下安宁。

凤皇即凤凰，是中国古代传说中的瑞鸟，百鸟之王，用来象征吉祥和谐，自古就是中国文化的重要元素。它是集合多种动物特征于一体的动物，据《尔雅·释鸟》郭璞注，凤凰外形特征为：“鸡头、燕颔、蛇颈、龟背、鱼尾、五彩色，高六尺许。”

原文

（鸡山）黑水出焉，而南流注于海。其中有鲑（音团）鱼，其状如鲋（音付）而彘毛，其音如豚，见则天下大旱。

译注

黑水发源于鸡山，向南流注于大海。水中有一种鲑鱼，样子像鲫鱼，长着猪毛，叫声像猪叫，它一出现，天下就会大旱。

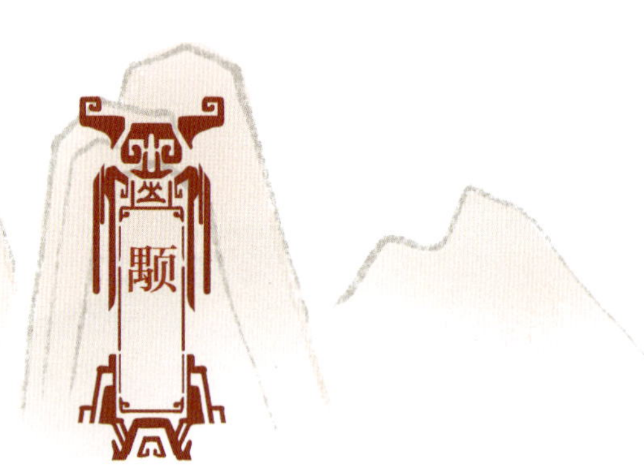

原文

（令丘之山）其南有谷焉，曰中谷，条风自是出。有鸟焉，其状如枭，人面四目而有耳，其名曰颙（音娱），其鸣自号也，见则天下大旱。

译注

令丘山南边有一道山谷，叫中谷，东北风从这里刮出。有一种鸟，样子像枭，长着人脸，四只眼睛，还有耳朵，名字叫颙，它鸣叫的声音跟它的名字一样，一出现天下就会大旱。

龙身人面神

原文

凡南次三山之首，自天虞之山以至南禺之山，凡一十四山，六千五百三十里。其神皆龙身而人面。其祠皆一白狗祈，糈用稌。

译注

南方第三列山系，从天虞山到南禺山一共十四座山，途经六千五百三十里，这些山的山神都是龙身人脸。祭祀山神要用一只白狗的血来涂钟鼓宝器的缝隙，然后陈牲以祭，祀神的米是从稻米中选出的精米。

卷二

西山经

羬羊

原文

（钱来之山）有兽焉，其状如羊而马尾，名曰羬（音钱）羊，其脂可以已腊（音昔）。

译注

钱来山有一种野兽，形状似羊，长着马尾，名叫羬羊，身上的油脂可以滋润干裂的皮肤。

原文

（松果之山）有鸟焉，其名曰䴅（音同）渠，其状如山鸡，黑身赤足，可以已䐘（音雹）。

译注

松果山中有一种鸟，名叫䴅渠，样子像野鸡，有着黑色的身子和红色的爪子，可以用来治疗皮肤干皱。

（太华之山）有蛇焉，名曰肥蟥（音遗），六足四翼，见则天下大旱。

译注

太华山上有一种蛇，名叫肥蟥，长着六只脚和四只翅膀，一旦出现天下便会大旱。

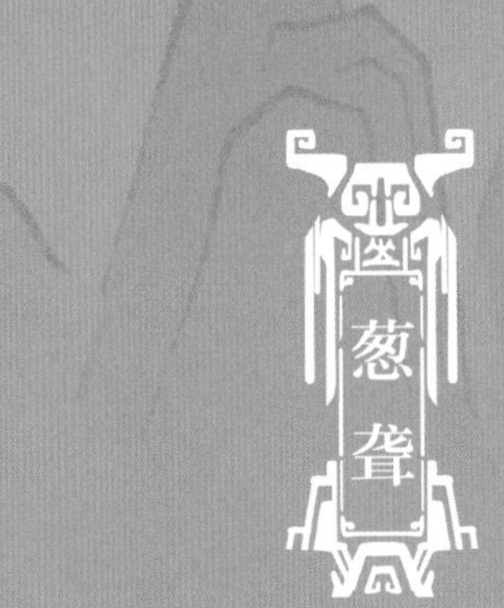

原文

（符禺之山）符禺之水出焉，而北流注于渭。其兽多葱聋，其状如羊而赤鬣。

译注

符禺水发源于符禺山，向北流注入渭水。山里的野兽葱聋最多，样子像羊，长着红色的鬣毛。

鴖

原文

（符禺之山）其鸟多鴖（音民），其状如翠而赤喙，可以御火。

译注

符禺山上有很多鴖鸟（即鹟鸟），形状似翠鸟，长着红色的嘴巴，可用它防御火灾。

原文

（英山）禺水出焉，北流注于招水，其中多鲜（音棒）鱼，其状如鳖，其音如羊。

译注

禺水发源于英山，向北流注入招水，水中有很多鲜鱼，样子像鳖，发出的声音如同羊叫。

肥遗

原文

（英山）有鸟焉，其状如鹑，黄身而赤喙，其名曰肥遗，食之已疠，可以杀虫。

译注

英山中有一种小鸟，样子像鹌鹑，有黄色的身体和红嘴巴，名叫肥遗，人吃了它的肉能治愈麻风病，还能杀死体内的寄生虫。

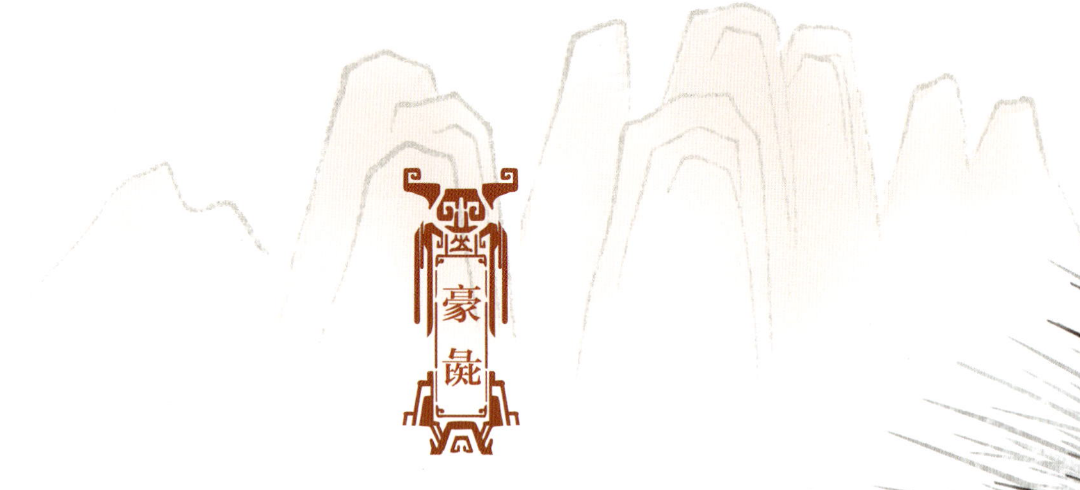

原文

（竹山）有兽焉，其状如豚而白毛，毛大如笄（音基）而黑端，名曰豪彘。

译注

竹山有一种野兽，样子像小猪长着白色的毛，毛发粗细如簪子且尖端呈黑色，名叫豪彘（豪彘应该就是现在的豪猪）。

原文

（羭次之山）有兽焉，其状如禺而长臂，善投，其名曰嚣。

译注

羭次山中有一种野兽，样子像猿猴，长着长臂，擅长投掷，名字叫嚣。

原文

（羭次之山）有鸟焉，其状如枭，人面而一足，曰橐𩇯（音驼肥），冬见夏蛰，服之不畏雷。

译注

羭次山中还有一种鸟，样子像枭鸟，有人的面孔，一只脚，名叫橐𩇯，冬天出没夏天蛰伏，佩戴它的羽毛就可不惧打雷。

原文

（天帝之山）有兽焉，其状如狗，名曰谿（音溪）边，席其皮者不蛊。

译注

天帝山中有一种野兽，长得像狗，名叫谿边，用它的毛皮做席便可不受蛊毒。

原文

（天帝之山）有鸟焉，其状如鹑，黑文而赤翁，名曰栎，食之已痔。

译注

天帝山中还有一种鸟，样子像鹌鹑，有着黑色的花纹和红色的颈毛，名叫栎，吃了它的肉可以治愈痔疮。

原文

（皋涂之山）有兽焉，其状如鹿而白尾，马足人手而四角，名曰玃（音绝）如。

译注

皋涂山有一种野兽，样子像鹿，长着白色的尾巴，前二足像人手，后二足像马蹄，头顶有四只角，名叫玃如。

数斯

原文

（皋涂之山）有鸟焉，其状如鸱而人足，名曰数斯，食之已瘿。

译注

皋涂山还有一种鸟，样子像鹞鹰，长有人一样的脚，名叫数斯，吃了它的肉可以治愈脖子上的肉瘤。

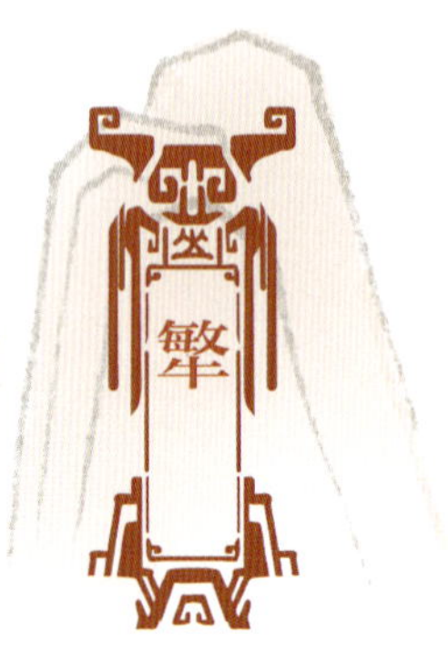

原文

（黄山）有兽焉，其状如牛，而苍黑大目，其名曰羍（音敏）。

译注

黄山有一种野兽，样子像牛，青黑色的皮毛，大眼睛，名字叫羍。

鹦䳇

原文

（黄山）有鸟焉，其状如鸮，青羽赤喙，人舌能言，名曰鹦䳇。

译注

黄山还有一种鸟，样子像鸮，青色的羽毛红色的嘴，长着人一样的舌头，会说话，名叫鹦䳇。

从描述就可以看出，这就是现在的鹦鹉，种类很多，是一种历史悠久的鸟类。

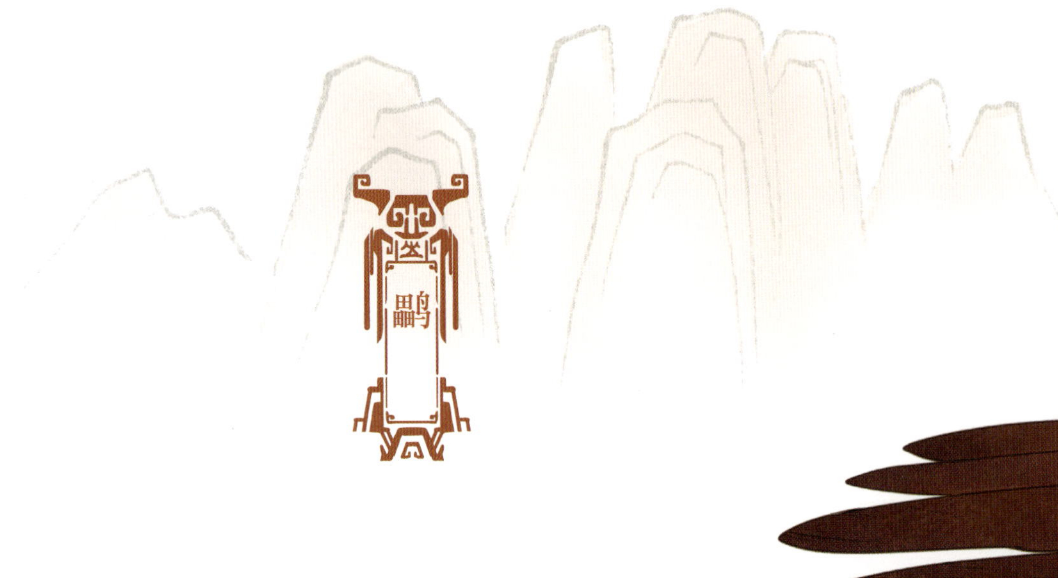

原文

（翠山）其鸟多鸓（音磊），其状如鹊，赤黑而两首、四足，可以御火。

译注

翠山有很多鸓鸟（即鸓鸟），样子像喜鹊，黑红色的羽毛，两个脑袋、四只脚，饲养它可以预防火灾。

原文

羭山，神也，祠之用烛，斋百日以百牺，瘗用百瑜，汤其酒百樽，婴以百珪百璧。

译注

祭祀羭山神要用烛火，斋戒一百天后，把一百只毛色纯正的牲畜连同一百块美玉埋入地下，同时要烫一百樽美酒，环绕摆放一百块珪和一百块璧。

鸾鸟

原文

（女床之山）有鸟焉，其状如翟而五采文，名曰鸾鸟，见则天下安宁。

译注

女床山有一种鸟，样子像野鸡，长着五彩的花纹，名叫鸾鸟，它一出现就会天下太平（鸾鸟类似凤凰）。

原文

（鹿台之山）有鸟焉，其状如雄鸡而人面，名曰鳧徯（音伏溪），其鸣自叫也，见则有兵。

译注

鹿台山有一种鸟，样子像雄鸡，长着一张人脸，名叫鳧徯，它的叫声就是自己的名字，它一出现就会发生战争。

原文

（小次之山）有兽焉，其状如猿，而白首赤足，名曰朱厌，见则大兵。

译注

小次山有一种野兽，样子像猿猴，长着白色的脑袋和红色的脚，名字叫朱厌，它一出现就会发生大规模的战争。朱厌是中国古代神话传说中的凶兽。

罗罗

原文

（莱山）其木多檀、楮，其鸟多罗罗，是食人。

译注

莱山有很多檀树和构树，还有很多罗罗鸟，这种鸟吃人。

人面马身神

原文

凡西次二山之首，自钤山至于莱山，凡十七山，四千一百四十里。其十神者，皆人面而马身……其十辈神者，其祠之，毛一雄鸡，钤而不糈，毛采。

译注

西方第二列山系，从钤山到莱山共十七座山，途经四千一百四十里。其中十座山的山神是人面马身……祭祀这十个山神，毛物只用一只杂色雄鸡，祈祷时无须用精米。

原文

其七神，皆人面而牛身，四足而一臂，操杖以行，是为飞兽之神。其祠之，毛用少牢，白菅为席。

译注

另外七座山的山神都是人面牛身，有四只脚和一只手臂，拄着拐杖行走，这就是传说中的“飞兽之神”。祭祀这些山神，毛物用羊和猪（羊和猪为少牢），祭品陈列在白茅上。

原文

（崇吾之山）有兽焉，其状如禺而文臂，豹尾而善投，名曰举父。

译注

崇吾山中有一种野兽，样子像猕猴，手臂上有花纹，长着豹子的尾巴，善于投掷东西，名叫举父。

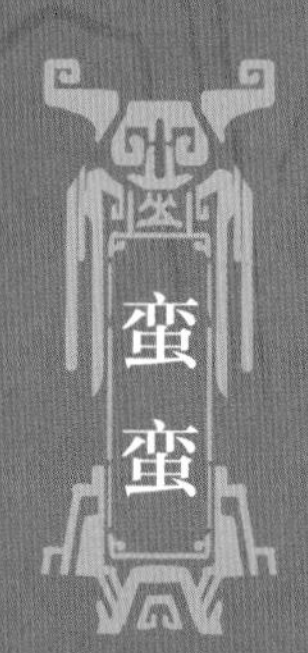

蛮蛮

原文

（崇吾之山）有鸟焉，其状如凫，而一翼一目，相得乃飞，名曰蛮蛮，见则天下大水。

《海外南经》：比翼鸟在其东，其为鸟青、赤，两鸟比翼。

译注

崇吾山中还有一种鸟，样子像野鸭子，长着一只翅膀和一只眼睛，必须要两只鸟合起来才能飞翔，名叫蛮蛮，它一出现，就会发大水。蛮蛮即比翼鸟。

据《海外南经》记载，比翼鸟在它的东边，鸟的颜色青中带红，必须要两只鸟合起来才能飞翔。

原文

（钟山）其子曰鼓，其状人面而龙身，是与钦䲹（音批）杀葆江于昆仑之阳，帝乃戮之钟山之东曰䍃（音谣）崖。

译注

钟山山神的儿子名叫鼓，样子是人脸龙身，他和钦䲹同谋，在昆仑山南面杀死了葆江。天帝知道后，将鼓与钦䲹杀死在钟山东边的䍃崖。

原文

（钟山）钦鸡化为大鹗，其状如雕而墨文白首，赤喙而虎爪，其音如晨鹄，见则有大兵。

译注

钦鸡死后化为大鹗，样子像雕，有黑色的斑纹和白色的脑袋，红色的嘴巴和虎爪，叫声像晨鹄，它一出现就会有大战争。

原文

（钟山）鼓亦化为鵕（音俊）鸟，其状如鸱，赤足而直喙，黄文而白首，其音如鹄，见则其邑大旱。

译注

鼓死后化为鵕鸟，样子像鹞鹰，有红色的脚和笔直的嘴巴，身上有黄色的斑纹，脑袋是白色的，叫声像鸿鹄，它一出现就会有大旱灾。

原文

（泰器之山）观水出焉，西流注于流沙。是多文鳐鱼，状如鲤鱼，鱼身而鸟翼，苍文而白首赤喙，常行西海，游于东海，以夜飞。其音如鸾鸡，其味酸甘，食之已狂，见则天下大穰（音瓤）。

译注

观水发源于泰器山，向西流注入流沙。观水里有很多文鳐鱼，样子像鲤鱼，长着鱼的身子和鸟的翅膀，身上有青色的斑纹，白色的脑袋和红色的嘴巴，常常从西海游到东海，在夜间飞行。它的叫声像鸾鸡，它的肉酸中带甜，吃了可以治疗癫狂病，它一出现天下就会五谷丰登。

英招

原文

（槐江之山）实惟帝之平圃，神英招（音韶）司之，其状马身而人面，虎文而鸟翼，徇于四海，其音如榴。

译注

槐江山是天帝在人间的园圃，由神英招掌管，英招长着马的身子人的脸，有老虎一样的斑纹和鸟的翅膀，他巡游四海传递天帝的指令，叫声如同抽水声。

天神

原文

（槐江之山）有天神焉，其状如牛，而八足二首马尾，其音如勃皇，见则其邑有兵。

译注

槐江山有一个天神，长得像牛，有八只脚两个脑袋和一条马尾，叫声就像吹奏管乐时乐器薄膜发出的声音，它一出现就会有战争发生。

原文

（昆仑之丘）实惟帝之下都，神陆吾司之。其神状虎身而九尾，人面而虎爪，是神也，司天之九部及帝之囿时。

译注

昆仑山是天帝在下界的都城，由神陆吾掌管。陆吾长得像老虎，有九条尾巴，长着人的脸和虎爪，陆吾主管天上九域的领地和昆仑山园圃的时节变化。

原文

（昆仑之丘）有兽焉，其状如羊而四角，名曰土蝼，是食人。

译注

昆仑山上还有一种野兽，样子像羊，长着四只角，名叫土蝼，能吃人。

钦原

原文

（昆仑之丘）有鸟焉，其状如蜂，大如鸳鸯，名曰钦原，蠚（音呵）鸟兽则死，蠚木则枯。

译注

昆仑山上还有一种鸟，样子像蜜蜂，却有鸳鸯一般大小，名叫钦原，鸟兽如果被它蜇伤就会死，树木被蜇伤也会枯死。

原文

（乐游之山）桃水出焉，西流注于稷泽，是多白玉，其中多鳛（音滑）鱼，其状如蛇而四足，是食鱼。

译注

桃水从乐游山发源，向西流注入稷泽，这里有很多白色的玉石，还有很多鳛鱼，样子像蛇长着四只脚，以鱼类为食。

长乘

原文

（嬴母之山）神长乘司之，是天之九德也。其神状如人而犳（音卓）尾。

译注

神长乘主管嬴母山，他由天的九德之气所生。长乘样子像人，长有犳（一种像豹子的野兽）一样的尾巴。

原文

（玉山）是西王母所居也。西王母其状如人，豹尾虎齿而善啸，蓬发戴胜，是司天之厉及五残。

《海内北经》：西王母梯几而戴胜。其南有三青鸟，为西王母取食。

《大荒西经》：有人戴胜，虎齿，有豹尾，穴处，名曰西王母。

译注

西王母住在玉山，样子像人，长着豹子的尾巴和虎牙，善于吼叫，头发蓬松戴着玉胜，主管天上的灾厉和五种刑罚残杀之气。

据《海内北经》记载，西王母头戴玉胜，倚靠在一张桌案上，她南边有三青鸟为她觅取食物。

据《大荒西经》记载，有人头戴玉胜，长着虎牙和豹子的尾巴，住在洞穴中，名叫西王母。

原文

（玉山）有兽焉，其状如犬而豹文，其角如牛，其名曰狡，其音如吠犬，见则其国大穰。

译注

玉山有一种野兽，外形像狗长着豹纹，头上的角与牛角相似，名字叫狡，声音如同狗叫，它一出现国家就会五谷丰登。

原文

（玉山）有鸟焉，其状如翟而赤，名曰胜遇，是食鱼，其音如录，见则其国大水。

译注

玉山还有一种鸟，外形像野鸡，通身红色，名叫胜遇，以鱼为食，发出的声音如同鹿鸣，它一出现国家就会有水灾发生。

原文

（长留之山）其神白帝少昊居之。

《大荒东经》：东海之外有大壑，少昊之国。少昊孺帝颛顼（音专虚）于此，弃其琴瑟。

《大荒南经》：有缗（音民）渊。少昊生倍伐，倍伐降处缗渊。

译注

少昊又称白帝，居住在长留山。

据《大荒东经》记载，东海外有一道大沟壑，那里是少昊建国的地方。少昊在那里把颛顼抚养成人，颛顼幼年操练过的琴瑟还丢在大沟壑里。

据《大荒南经》记载，有一个缗渊，少昊生了倍伐，倍伐被贬住在缗渊。

魂氏

原文

（长留之山）实惟员神磈（音伟）氏之宫。是神也，主司反景。

译注

长留山是员神磈氏的宫室。这个神的主要职责就是观察太阳西下时光线射向东方的反影。

原文

（章莪之山）有兽焉，其状如赤豹，五尾一角，其音如击石，其名曰狰。

译注

章莪山有一种野兽，样子像红色的豹子，长着五条尾巴，头上一只角，叫声如同敲击石头，名字叫狰。

原文

（章莪之山）有鸟焉，其状如鹤，一足，赤文青质而白喙，名曰毕方，其鸣自叫也，见则其邑有讹火。

《海外南经》：毕方鸟在其东，青水西，其为鸟一脚。一曰在二八神东。

译注

还有一种鸟，外形像仙鹤，长着一只脚，周身青色，有红色斑纹，白色的嘴，名叫毕方，鸣叫声就是自己的名字，它出现的地方就会有怪火。

据《海外南经》记载，毕方鸟在它的东边，青水西边，这种鸟只有一只脚。还有一种说法是这种鸟在二八神的东边。

原文

（阴山）有兽焉，其状如狸而白首，名曰天狗，其音如榴榴，可以御凶。

译注

阴山有一种野兽，样子像野猫，白色的脑袋，名叫天狗，会发出“猫猫”的声音，可以预防凶邪之气。

原文

（符惕之山）其上多棕、枏，下多金、玉。神江疑居之。是山也，多怪雨，风云之所出也。

译注

符惕山上多产棕榈树和楠树，山下多产金属矿物和玉石，神江疑住在这里。这座山时常下怪雨，风云从这里兴起。

原文

（三危之山）三青鸟居之。是山也，广员百里。

《海内北经》：其南有三青鸟，为西王母取食。

《大荒西经》：有三青鸟，赤首黑目，一名曰大鵹，一曰少鵹，一名曰青鸟。

译注

三青鸟居住在三危山，这座山方圆有一百里。

据《海内西经》记载，南边有三青鸟为西王母觅取食物。

据《大荒西经》记载，有三只青鸟，红色的脑袋，黑色的眼睛，一只叫大鵹，一只叫少鵹，还有一只叫青鸟。

原文

（三危之山）其上有兽焉，其状如牛，白身四角，其豪如披蓑，其名曰傲㑶（音奥耶），是食人。

译注

三危山有一种野兽，样子像牛，白色的身子长着四只角，身上的毛又长又密，好像披着蓑衣，名叫傲㑶，能吃人。

原文

（三危之山）有鸟焉，一首而三身，其状如䳥（音洛），其名曰鴟。

译注

三危山还有一种鸟，长着一个脑袋三个身子，外形像䳥（像雕的一种鸟），名叫鴟。

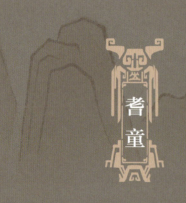

原文

又西一百九十里，曰騩（音微）山，其上多玉而无石。神耆童居之，其音常如钟磬。

译注

再往西一百九十里，有座騩山，山上有很多玉，却没有石头。神耆童（耆童即老童，颛顼之子）在此居住，他的声音犹如敲击钟磬的声音。

原文

（天山）有神焉，其状如黄囊，赤如丹火，六足四翼，浑敦无面目，是识歌舞，实为帝江（音鸿）也。

译注

天山有一个神，长得像一个黄色的口袋，身上发出火红的光，长着六只脚和四只翅膀，没有面目五官，会唱歌跳舞，名叫帝江。

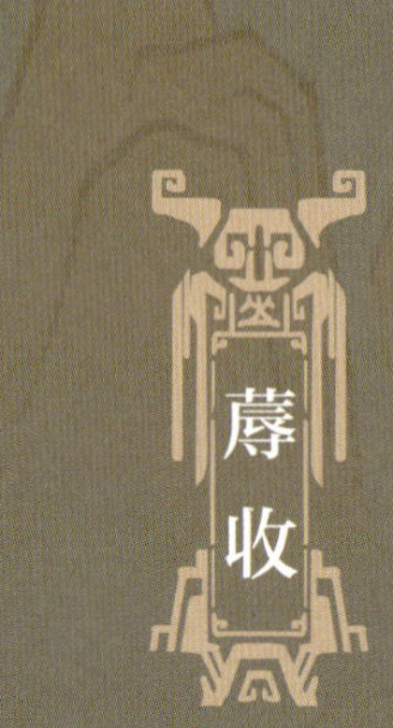

原文

又西二百九十里，曰泑（音优）山，神蓐（音入）收居之。

《海外西经》：西方蓐收，左耳有蛇，乘两龙。

译注

再往西二百九十里，有座泑山，神蓐收居住在这里。

据《海外西经》记载，西方神蓐收，左耳挂着一条蛇，乘着两条龙飞行。

原文

（泑山）是山也，西望日之所入，其气员，神红光之所司也。

译注

泑山这座山，西边可以看见太阳进去的地方，气象圆满浑阔，那就是神红光所司察的（有一种说法认为红光即蓐收）。

原文

（翼望之山）有兽焉，其状如狸，一目而三尾，名曰讙（音欢），其音如夺百声，是可以御凶，服之已瘅（音旦）。

译注

翼望山有一种野兽，形状如野猫，长着一只眼睛和三条尾巴，名叫讙，能模仿许多种动物的叫声，饲养它可以避开凶邪之气，吃了它的肉可以治好黄疸病。

原文

（翼望之山）有鸟焉，其状如乌，三首六尾而善笑，名曰鵸鵌（音奇余），服之使人不厌，又可以御凶。

译注

翼望山还有一种鸟，样子像乌鸦，长着三个脑袋和六条尾巴，喜欢嬉笑，名叫鵸鵌，人吃了它的肉可以不做噩梦，还可以避开凶邪之气。

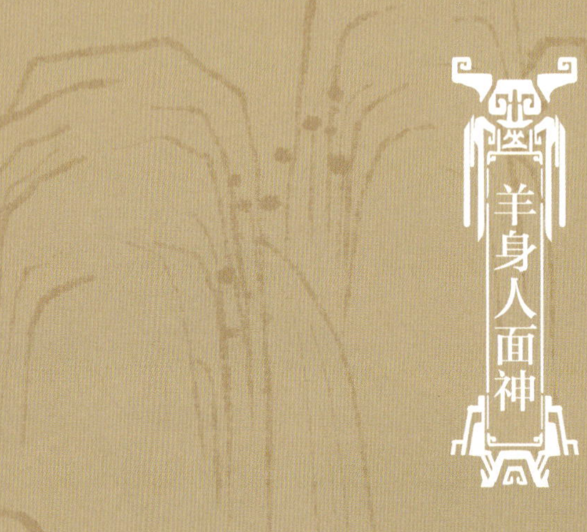

羊身人面神

原文

凡西次三山之首，自崇吾之山至于翼望之山，凡二十三山，六千七百四十四里。其神状皆羊身人面。其祠之礼，用一吉玉瘗，糈用稷米。

译注

西方第三列山系，从崇吾山到翼望山共二十三座山，途经六千七百四十四里。诸山山神都长着羊的身子人的脸。祭祀山神的礼仪是：要将一块彩色玉埋在地下，祀神用的精米必须是稷米。

当扈

原文

（上申之山）其鸟多当扈，其状如雉，以其髯飞，食之不眴目（即瞬目）。

译注

上申山有很多当扈鸟，样子像野鸡，用咽喉下的须毛飞行，吃了它的肉就不会得眨眼睛的病。

原文

（刚山）是多神魌（音赤），其状人面兽身，一足一手，其音如钦（通吟）。

译注

刚山有很多神魌，长着人的面孔和野兽的身子，一只脚一只手，叫声像打哈欠（神魌是魑魅一类的鬼怪）。

原文

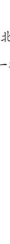

（刚山之尾）洛水出焉，而北流注于河，其中多蛮蛮，其状鼠身而鳖首，其音如吠犬。

译注

洛水发源于刚山的尾部，向北流注入河水。这里有很多蛮蛮，样子像老鼠，长着甲鱼一样的脑袋，叫声像狗叫。

（英鞮之山）是多冉遗之鱼，鱼身蛇首六足，其目如马耳，食之使人不眯，可以御凶。

译注

英鞮山有很多冉遗鱼，长着鱼身、蛇头，还有六只脚，眼睛的形状如同马的耳朵，吃了它就不会做噩梦，还可以预防凶邪。

駮

原文

（中曲之山）有兽焉，其状如马而白身黑尾，一角，虎牙爪，音如鼓音，其名曰駮（音博），是食虎豹，可以御兵。

译注

中曲山有一种猛兽，外形像马，有纯白的身子和黑色的尾巴，头上长着独角，有老虎一样的牙齿和爪子，叫声像在击鼓，名叫駮，以老虎和豹子为食，饲养它可以防御刀兵的伤害。

原文

（邽山）其上有兽焉，其状如牛，蝟毛，名曰穷奇，音如獋狗，是食人。

《海内北经》：穷奇状如虎，有翼，食人从首始，所食被发。在蜪犬北。一曰从足。

译注

邽山有一种野兽，样子像牛，长着刺猬般的毛，叫声像狗，吃人。

据《海内北经》记载，穷奇像虎，有翅膀，吃人从头开始，被吃的人都是披头散发的。穷奇的位置在蜪犬的北边。还有一种说法是从脚开始吃。

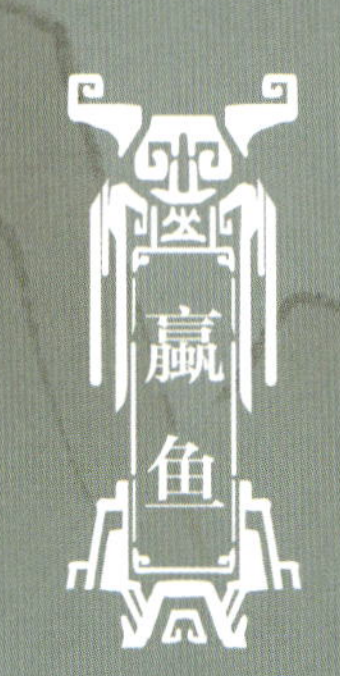

蠃鱼

原文

（邽山）濛水出焉，南流注于洋水，其中多黄贝，蠃（音罗）鱼，鱼身而鸟翼，音如鸳鸯，见则其邑大水。

译注

濛水发源于邽山，向南流注入洋水，其中有很多黄贝，还有蠃鱼，长着鱼的身子鸟的翅膀，叫声像鸳鸯，它一出现就会发生大水灾。

原文

（鸟鼠同穴之山）渭水出焉，而东流注于河。其中多鳋（音骚）鱼，其状如鳣鱼，动则其邑有大兵。

译注

渭水发源于鸟鼠同穴山，向东流注入河水。渭水中有很多鳋鱼，样子像鳣鱼，它出现在哪里，哪里就会发生大战争。

原文

（鸟鼠同穴之山）滥水出于其西，西流注于汉水，多䲃魮（音如皮）之鱼，其状如覆铫（音吊），鸟首而鱼翼鱼尾，音如磬石之声，是生珠玉。

译注

滥水发源于鸟鼠同穴山的西边，向西流注入汉水，滥水中有很多䲃魮鱼，形状像翻过来的铫（温器，烧水、熬东西用的器具），长着鸟的脑袋和鱼的鳍以及鱼的尾巴，叫声像敲击磬石的声音，身体里能长出珠玉。

（崦嵫之山）有兽焉，其状马身而鸟翼，人面蛇尾，是好举人，名曰孰湖。

译注

崦嵫山有一种野兽，身体像马，有鸟的翅膀，人的面孔，蛇的尾巴，喜欢把人举起，名叫孰湖。

原文

（崦嵫之山）有鸟焉，其状如鸮而人面，蜼（音伟）身犬尾，其名自号也，见则其邑大旱。

译注

崦嵫山还有一种鸟，长相似猫头鹰，有人的面孔、猴子的身体和一条狗尾巴，它的叫声就是它的名字，它出现的地方往往会发生旱灾。

卷三
北山经

滑鱼

原文

（求如之山）滑水出焉，而西流注于诸毗之水。其中多滑鱼，其状如鳝（音善），赤背，其音如梧，食之已疣。

译注

滑水发源于求如山，向西流注入诸毗水。水中有很多滑鱼，样子像鳝鱼，脊背是红色的，叫声像人弹奏琴瑟，吃了它能治愈疣赘病。

原文

（求如之山）滑水出焉，而西流注于诸毗之水。其中多水马，其状如马，文臂牛尾，其音如呼。

译注

滑水发源于求如山，向西流注入诸毗水。水中还有很多水马，样子像马，两条前腿上有花纹，长着牛尾巴，叫声像人在呼喊。

原文

（带山）有兽焉，其状如马，一角有错，其名曰䑏（音欢）疏，可以辟火。

译注

带山有一种野兽，外形像马，长着一只磨刀石一样的角，名叫䑏疏，可以避火灾。

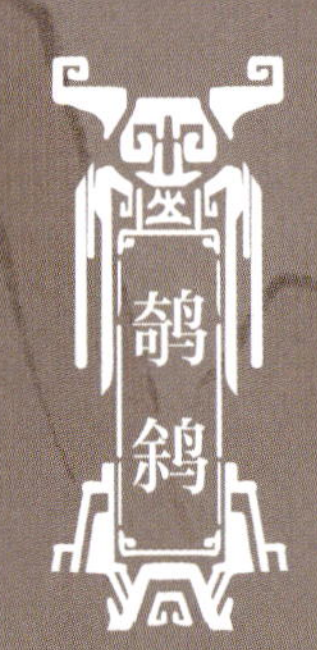

原文

（带山）有鸟焉，其状如乌，五采而赤文，名曰鵸鵌，是自为牝牡，食之不疽。

译注

带山还有一种鸟，样子像乌鸦，五彩羽毛，红色的斑纹，名叫鵸鵌，这种鸟雌雄同体，吃了它可以不患痈疽病。

（带山）彭水出焉，而西流注于芘湖之水，其中多儵（音由）鱼，其状如鸡而赤毛，三尾、六足、四首，其音如鹊，食之可以已忧。

译注

彭水发源于带山，向西流注入芘湖水，水中有很多儵鱼，外形像鸡，长着红色的羽毛，有三条尾巴、六只脚和四个脑袋，叫声像喜鹊，吃了它就会无忧无虑。

何罗鱼

原文

（谯明之山）谯水出焉，西流注于河。其中多何罗之鱼，一首而十身，其音如吠犬，食之已痈。

译注

谯水发源于谯明山，向西流注入河水。谯水中有很多何罗鱼，长着一个脑袋十个身子，声音像狗叫，吃了它可以治疗痈肿病。

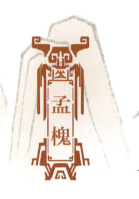

孟槐

原文

（谯明之山）有兽焉，其状如貆（音环）而赤毫，其音如榴榴，名曰孟槐，可以御凶。

译注

谯明山有一种野兽，样子像豪猪，长着红色的毛，叫声就像辘轳抽水的声音，名叫孟槐，可以用它来躲避凶邪。

原文

（涿光之山）嚻水出焉，而西流注于河。其中多鳛鳛（音习）之鱼，其状如鹊而十翼，鳞皆在羽端，其音如鹊，可以御火，食之不瘅。

译注

嚻水发源于涿光山，向西流注入河水。嚻水中有很多鳛鳛鱼，样子像喜鹊，有十只翅膀，鳞片均生在羽毛的顶端，叫声像喜鹊，可以躲避火灾，吃了它的肉可以治愈黄疸病。

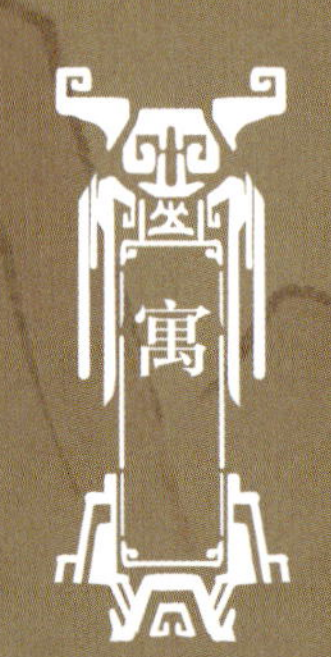

原文

（虢山）其鸟多寓，状如鼠而鸟翼，其音如羊，可以御兵。

译注

虢山有很多寓鸟，样子像老鼠，长着翅膀，叫声像羊，可以用它来躲避刀兵之灾。

原文

（丹熏之山）有兽焉，其状如鼠，而菟（通兔）首麋耳，其音如獋犬，以其尾飞，名曰耳鼠，食之不脎（音采），又可以御百毒。

译注

丹熏山有一种野兽，样子像老鼠，长着兔子的脑袋和麋鹿的耳朵，叫声像狗，用尾巴飞行，名叫耳鼠，吃了它的肉就不会得臌胀病，还可以百毒不侵。

孟极

原文

（石者之山）有兽焉，其状如豹，而文题白身，名曰孟极，是善伏，其鸣自呼。

译注

石者山有一种野兽，样子像豹子，长着花斑额头，白色的身体，名叫孟极，善于隐藏身形，它鸣叫的声音跟它的名字一样。

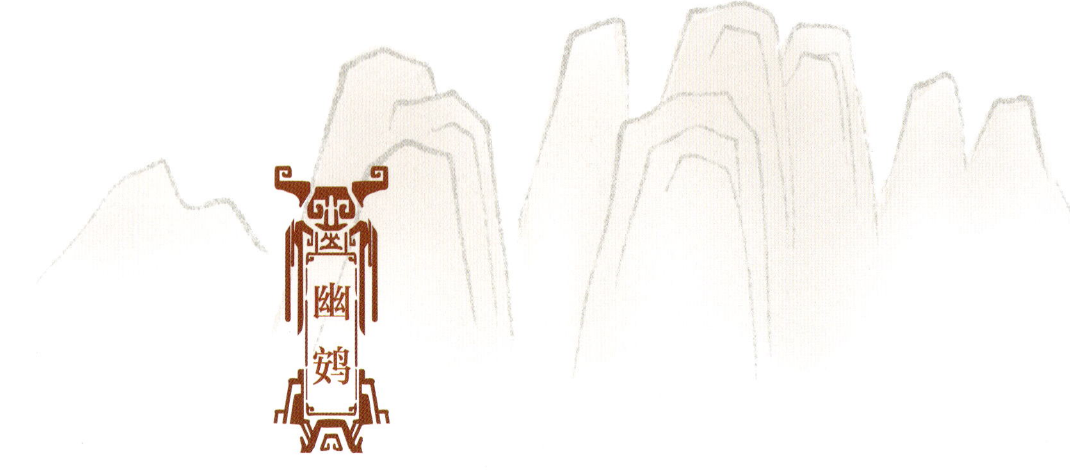

原文

（边春之山）有兽焉，其状如禺而文身，善笑，见人则卧，名曰幽鴳（音遏），其鸣自呼。

译注

边春山有一种野兽，样子像猿猴，身上满是花纹，喜欢笑，一见到人就假装睡觉，名叫幽鴳，叫声就是自己的名字。

（蔓联之山）有兽焉，其状如禺而有鬣，牛尾、文臂、马蹄，见人则呼，名曰足訾（音资），其鸣自呼。

译注

蔓联山有一种野兽，样子像猴，脖子上长着鬃毛，长着牛的尾巴，两条前腿上有花纹，还长着马的蹄子，见人就叫唤，名叫足訾，叫声就是自己的名字。

原文

（蔓联之山）有鸟焉，群居而朋飞，其毛如雌雉，名曰䴔（音交），其鸣自呼，食之已风。

译注

蔓联山还有一种鸟，喜欢成群生活和结队飞行，羽毛像雌野鸡，名叫䴔，叫声就是自己的名字，吃了它的肉可以治愈风痹。

原文

（单张之山）有兽焉，其状如豹而长尾，人首而牛耳，一目，名曰诸犍，善吒，行则衔其尾，居则蟠其尾。

译注

单张山有一种野兽，样子像豹子，拖着长长的尾巴，长着人的脑袋和牛的耳朵，一只眼，名叫诸犍，喜欢吼叫，行走时用嘴叼着尾巴，停下时把尾巴盘起来。

原文

（单张之山）有鸟焉，其状如雉，而文首、白翼、黄足，名曰白鵺（音夜），食之已嗌（音益）痛，可以已痸（音赤）。

译注

单张之山还有一种鸟，样子像野鸡，脑袋上有花纹，长着白色的翅膀和黄色的脚，名叫白鵺，吃了它的肉可以治愈咽喉疼痛，还可以治愈痴病（类似于痴呆）。

那父

原文

（灌题之山）有兽焉，其状如牛而白尾，其音如訆（音叫），名曰那父。

译注

灌题山有一种野兽，样子像牛，长着白色的尾巴，叫声像人在高呼，名叫那父。

原文

（灌题之山）有鸟焉，其状如雌雉而人面，见人则跃，名曰竦斯，其鸣自呼也。

译注

灌题山还有一种鸟，样子像雌野鸡，长着一张人脸，看到人就跳跃，名叫竦斯，叫声就是自己的名字。

旄牛

原文

（潘侯之山）有兽焉，其状如牛，而四节生毛，名曰旄牛。

译注

潘侯山有一种野兽，样子像牛，四肢的关节上长着长毛，名叫旄牛。

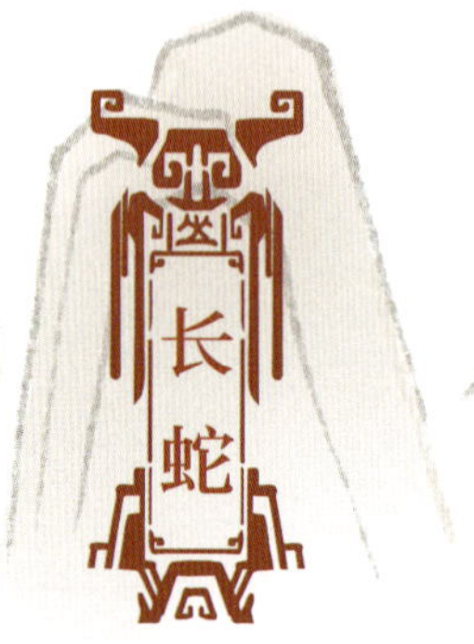

长蛇

原文

（大咸之山）有蛇名曰长蛇，其毛如彘豪，其音如鼓柝（音拓）。

译注

大咸山有一种蛇叫长蛇，身上长着如同猪鬃一样的毛，叫声像敲击木梆的声音。

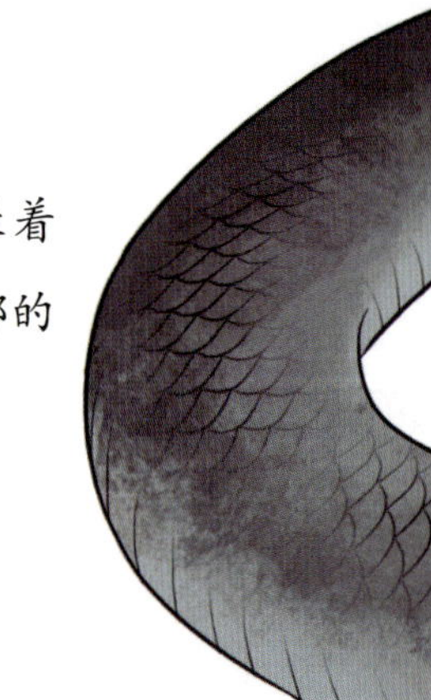

原文

（少咸之山）有兽焉，其状如牛，而赤身、人面、马足，名曰窫窳（音亚语），其音如婴儿，是食人。

《海内南经》：窫窳龙首，居弱水中，在狌狌知人名之西，其状如貙（音初），龙首，食人。

译注

少咸山有一种野兽，样子像牛，红色的身子，长着人脸和马脚，名叫窫窳，声音像婴儿啼哭，吃人。

据《海内南经》记载，窫窳居住在弱水中，在狌狌的西边，样子像貙，龙的脑袋，会吃人。

鯆鯆鱼

原文

（少咸之山）敦水出焉，东流注于雁门之水，其中多鯆鯆（音贝）之鱼，食之杀人。

译注

敦水发源于少咸山，向东流注入雁门水，水中有很多鯆鯆鱼，吃了它的肉便会中毒身亡。

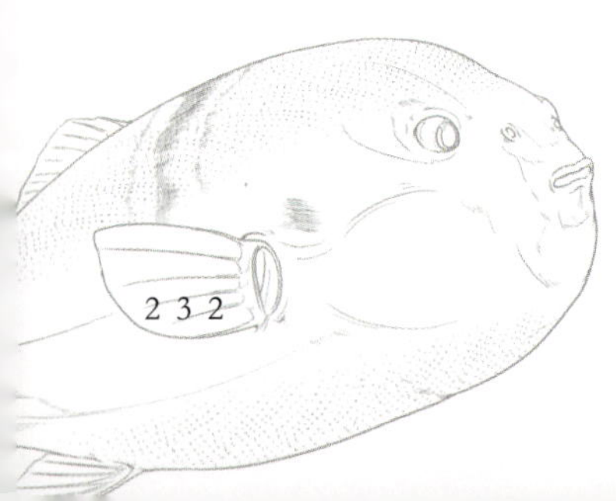

鱢鱼

原文

（狱法之山）瀤（音怀）泽之水出焉，而东北流注于泰泽。其中多鱢（音早）鱼，其状如鲤而鸡足，食之已疣。

译注

瀤泽水发源于狱法山，向东流注入泰泽。瀤泽水中有很多鱢鱼，样子像鲤鱼，长着鸡的爪子，吃了它的肉可以治好皮肤上的赘瘤病。

原文

（狱法之山）有兽焉，其状如犬而人面，善投，见人则笑，其名曰山狎（音辉），其行如风，见则天下大风。

译注

狱法山还有一种野兽，样子像狗但长着人脸，擅长投掷东西，一看见人就笑，名字叫山狎，奔跑起来快如一阵风，它一出现就会刮大风。

原文

（北岳之山）有兽焉，其状如牛，而四角、人目、彘耳，其名曰诸怀，其音如鸣雁，是食人。

译注

北岳山有一种野兽，样子像牛，长着四只角、人的眼睛、猪的耳朵，名叫诸怀，发出的声音像大雁在鸣叫，能吃人。

鮨鱼

原文

（北岳之山）诸怀之水出焉，而西流注于嚣水，水中多鮨（音义）鱼，鱼身而犬首，其音如婴儿，食之已狂。

译注

诸怀水发源于北岳山，向西流注入嚣水，诸怀水中有很多鮨鱼，长着鱼的身子和狗的脑袋，叫声像婴儿，吃了它就能治愈疯癫病。

肥遗

原文

（浑夕之山）有蛇一首两身，名曰肥遗，见则其国大旱。

译注

浑夕山有一种蛇，长着一个脑袋两个身子，名叫肥遗，它一出现国家就会发生大旱。

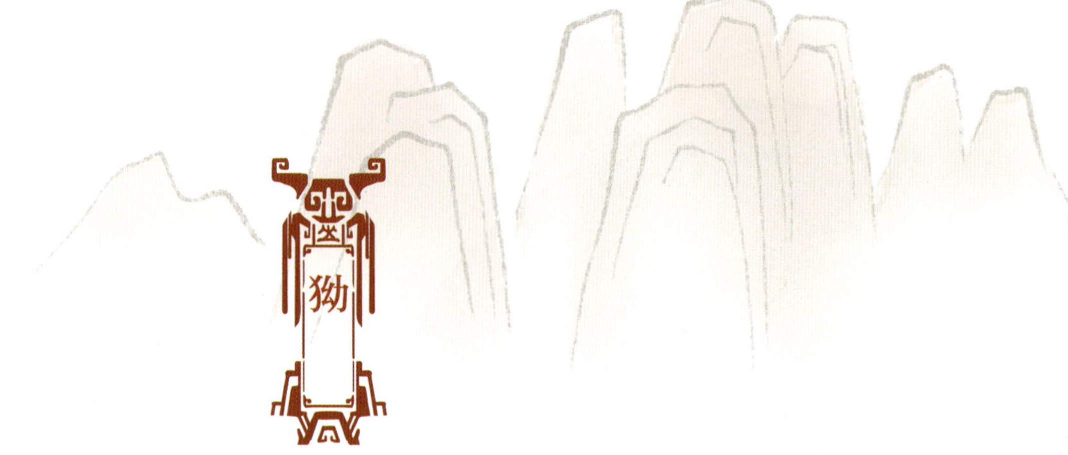

原文

（隄山）有兽焉，其状如豹而文首，名曰狕（音咬）。

译注

隄山有一种野兽，形状像豹子且额头上有花纹，名叫狕。

（隄山）隄水出焉，而东流注于泰泽，其中多龙龟。

译注

隄水发源于隄山，向东流入泰泽，水中有很多龙龟。

人面蛇身神

原文

凡北山之首，自单狐之山至于隄山，凡二十五山，五千四百九十里，其神皆人面蛇身。其祠之，毛用一雄鸡彘瘗，吉玉用一珪，瘗而不糈。其山北人，皆生食不火之物。

译注

北方第一列山系，从单狐山到隄山一共二十五座山，途经五千四百九十里，这些山的山神都是长着人脸和蛇身。祭祀这些山神的礼仪是：把一只公鸡和一头猪埋入地下，祭神的吉玉用一块珪，埋入地下，不用精米。祭祀时，住在这些山北边的人，都要生吃没有烧煮过的食物。

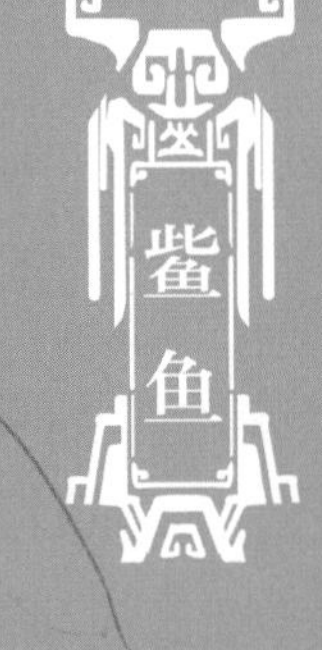

鲞鱼

原文

（县雍之山）晋水出焉，而东南流注于汾水。其中多鲞（音咨）鱼，其状如儵而赤鳞，其音如叱，食之不骚。

译注

晋水发源于县雍山，向东流注入汾水。晋水中有很多鲞鱼，样子像儵鱼，长着红色的鳞片，叫声像人的斥骂声，吃了它的肉就不会得狐臭。

原文

（敦头之山）旄水出焉，而东流注于印泽。其中多䑏（音勃）马，牛尾而白身，一角，其音如呼。

译注

旄水发源于敦头山，向东流注入印泽。山里有很多䑏马，长着牛尾，身子是白色的，长着一只角，叫声就像人在呼唤。

原文

（钩吾之山）有兽焉，其状如羊身人面，其目在腋下，虎齿人爪，其音如婴儿，名曰狍鸮，是食人。

饕餮

译注

钩吾山有一种野兽，身体像羊，长着人脸，眼睛长在腋窝下面，牙齿像老虎的一样，长着人一般的手爪，叫声像婴儿，名叫狍鸮，能吃人。一说狍鸮即饕餮。

原文

（北嚣之山）有兽焉，其状如虎，而白身犬首，马尾彘鬣，名曰独狢（音玉）。

译注

北嚣山有一种野兽，样子像虎，白色的身体，狗的脑袋，马的尾巴，脖子上长着猪鬃，名叫独狢。

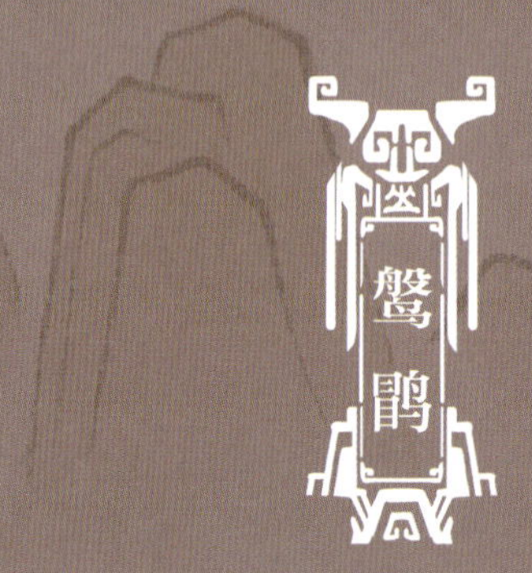

原文

（北嚣之山）有鸟焉，其状如乌，人面，名曰鵸鶻（音般冒），宵飞而昼伏，食之已暍（音耶）。

译注

北嚣山还有一种鸟，样子像乌鸦，长着人脸，名叫鵸鶻，它在夜里飞翔白天休息，吃了它的肉可以解暑热。

原文

（梁渠之山）修水出焉，而东流注于雁门，其兽多居暨，其状如汇而赤毛，其音如豚。

译注

修水发源于梁渠山，向东流注入雁门，山中野兽多居暨，样子像刺猬，长着红毛，叫声像小猪。

嚣

原文

（梁渠之山）有鸟焉，其状如夸父，四翼、一目、犬尾，名曰嚣，其音如鹊，食之已腹痛，可以止衕（音洞）。

译注

梁渠山还有一种鸟，样子像夸父（或为举父），长着四只翅膀、一只眼睛和狗的尾巴，名叫嚣，叫声像喜鹊，吃了它可以治愈肚子痛，还可以治腹泻。

原文

凡北次二山之首，自管涔之山至于敦题之山，凡十七山，五千六百九十里。其神皆蛇身人面。其祠：毛用一雄鸡、彘瘗；用一璧一珪，投而不糈。

译注

北方第二列山系，从管涔山到敦题山，一共十七座山，途经五千六百九十里。这些山的山神都是长着蛇的身子和人的脸。祭祀山神，毛物用一只雄鸡和一只猪一同埋在地里，再用一块璧和一块珪投往山中，不用精米。

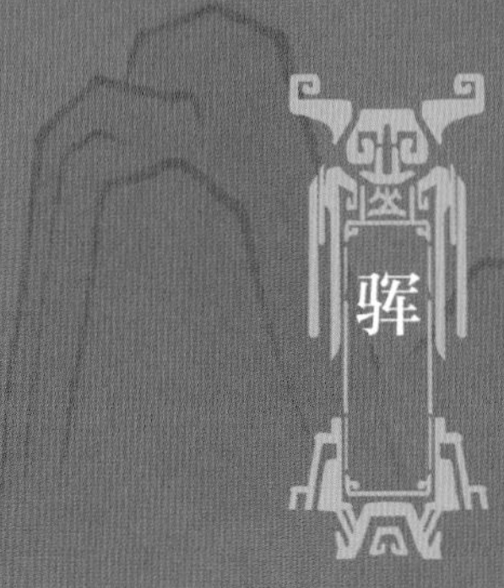

原文

（太行之山）有兽焉，其状如麢羊而四角，马尾而有距，其名曰驿（音魂），善还（音旋），其名自训。

译注

太行山有一种野兽，样子像羚羊，长着四只角，马的尾巴，腿上有距，名叫驿，擅长盘旋而舞，叫声就是自己的名字。

原文

（太行之山）有鸟焉，其状如鹊，白身、赤尾、六足，其名曰鶌（音奔），是善惊，其鸣自詨。

译注

太行山还有一种鸟，样子像喜鹊，有白色的身子和红色的尾巴，长着六只脚，名叫鶌，这种鸟警惕性极高，很容易被惊吓，叫声就是自己的名字。

原文

（龙侯之山）决决之水出焉，而东流注于河。其中多人鱼，其状如鯑（音蹄）鱼，四足，其音如婴儿，食之无痴疾。

译注

决决水发源于龙侯山，向东流注入河水。决决水中有很多人鱼，样子像鯑鱼，长着四只脚，叫声像婴儿，吃了它的肉就不会得痴病。

原文

（马成之山）有兽焉，其状如白犬而黑头，见人则飞，其名曰天马，其鸣自训。

译注

马成山有一种野兽，样子像白狗，但脑袋是黑色的，见到人就会飞走，名叫天马，叫声就是自己的名字。

原文

（马成之山）有鸟焉，其状如乌，首白而身青、足黄，是名曰鶌鶋（音屈居），其鸣自训，食之不饥，可以已寓。

译注

马成山还有一种鸟，样子像乌鸦，白色的脑袋青色的身体，长着黄色的爪子，名叫鶌鶋，叫声就是自己的名字，吃了它就不会感到饥饿，还可以治愈健忘症。

原文

（天池之山）有兽焉，其状如兔而鼠首，以其背飞，其名曰飞鼠。

译注

天池山有一种野兽，样子像兔子，头像老鼠，依靠背上的毛发飞行，名叫飞鼠。

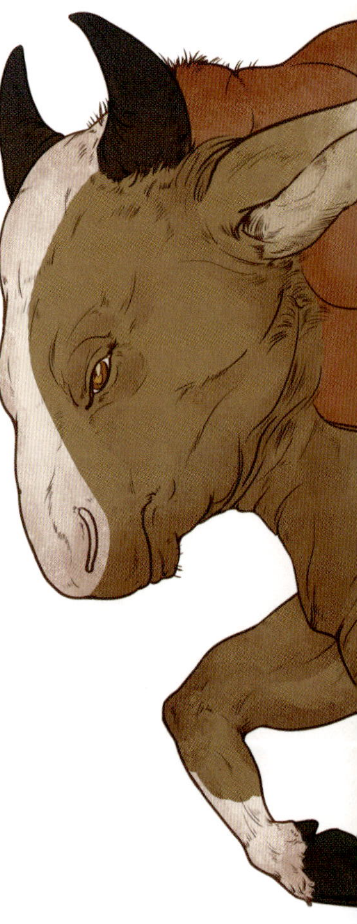

原文

（阳山）有兽焉，其状如牛而赤尾，其颈腎（音甚），其状如句瞿，其名曰领胡，其鸣自詨（通叫），食之已狂。

译注

阳山有一种野兽，样子像牛，长着红尾巴，脖子上有像斗一样的肉瘤，名叫领胡，叫声就是自己的名字，吃了它能治愈癫狂症。

原文

（阳山）有鸟焉，其状如雌雉，而五采以文，是自为牝牡，名曰象蛇，其名自詨。

译注

阳山还有一种鸟，样子像雌野鸡，羽毛上有五彩的花纹，这种鸟是雌雄同体的，名叫象蛇，叫声就是自己的名字。

䱗父鱼

原文

（阳山）留水出焉，而南流注于河。其中有䱗（音陷）父之鱼，其状如鲋鱼，鱼首而彘身，食之已呕。

译注

留水发源于阳山，向南流注入河水。留水中有很多䱗父鱼，样子像鲫鱼，长着鱼的脑袋和猪的身子，吃了它可以治疗呕吐。

原文

（景山）有鸟焉，其状如蛇，而四翼、六目、三足，名曰酸与，其鸣自詨，见则其邑有恐。

译注

景山有一种鸟，样子像蛇，长着四只翅膀、六只眼睛和三只脚，名叫酸与，叫声就是自己的名字，它出现在哪座城邑，那里就会有恐慌。

原文

（小侯之山）有鸟焉，其状如乌而白文，名曰鸪鹨（音姑习），食之不灂（音叫）。

译注

小侯山有一种鸟，样子像乌鸦，身上有白色的斑纹，名叫鸪鹨，吃了它的肉眼睛就会明亮不昏花。

原文

（轩辕之山）有鸟焉，其状如枭而白首，其名曰黄鸟，其鸣自詨，食之不妒。

译注

轩辕山有一种鸟，样子像猫头鹰，白色的脑袋，名叫黄鸟，叫声就是自己的名字，吃了它就能不生嫉妒之心。

原文

（发鸠之山）有鸟焉，其状如乌，文首、白喙、赤足，名曰精卫，其鸣自詨。是炎帝之少女名曰女娃，女娃游于东海，溺而不返，故为精卫。常衔西山之木石，以堙（音因）于东海。

译注

发鸠山有一种鸟，样子像乌鸦，长着花斑脑袋、白色的嘴和红色的爪子，名叫精卫，叫声就是自己的名字。精卫本是炎帝的小女儿，名叫女娃，女娃去东海游玩，不幸溺水身亡，死后化作精卫鸟，经常衔回西山的树枝和石子来填塞东海。

（泰戏之山）有兽焉，其状如羊，一角一目，目在耳后，其名曰䍶䍶（音东），其鸣自训。

译注

泰戏山有一种野兽，样子像羊，长着一只角和一只眼睛，眼睛长在耳朵后面，名叫䍶䍶，叫声就是自己的名字。

原文

（乾山）有兽焉，其状如牛而三足，其名曰獂（音环），其鸣自该。

译注

乾山有一种野兽，样子像牛，长着三只脚，名字叫獂，叫声就是自己的名字。

罴九

原文

（伦山）有兽焉，其状如麋，其州在尾上，其名曰罴九。

译注

伦山有一种野兽，样子像麋鹿，肛门长在尾巴上，名叫罴九。

原文

（毋逢之山）西望幽都之山，浴水出焉。是有大蛇，赤首白身，其音如牛，见则其邑大旱。

译注

从毋逢山向西看是幽都山，浴水从毋逢山发源。毋逢山中有大蛇，红色的脑袋白色的身子，叫声像牛，它一出现就会发生大旱灾。

马身人面神

原文

凡北次三山之首，自太行之山以至于毋逄之山，凡四十六山，万二千三百五十里。其神状皆马身而人面者廿神。其祠之，皆用一藻珪瘗之。

译注

北方第三列山系，从太行山到毋逄山共四十六座山，途经一万二千三百五十里。其中二十座山的山神长着马的身子和人的脸。祭祀这些山神都是把藻珪埋入地下。

原文

其十四神状皆彘身而载玉。其祠之，皆玉，不瘗。

译注

另外有十四座山的山神长着猪的身子佩戴着玉质饰品。祭祀这些山神都用玉器，不用埋入地下。

原文

其十神状皆彘身而八足蛇尾。其祠之，皆用一璧瘗之。大凡四十四神，皆用稌糈米祠之。此皆不火食。

译注

剩下的十座山的山神都是猪的身子，长着八只脚和蛇的尾巴。祭祀这些山神都是用一块玉璧，然后埋入地下。所有这四十四位山神都要用精米祭祀。参加祭祀者都要生吃未经火烹调的食物。

卷四
东山经

原文

东山之首，曰樕螽（音速朱）之山，北临乾昧。食水出焉，而东北流注于海。其中多鳙鳙（音庸）之鱼，其状如犁牛，其音如彘鸣。

译注

东方第一列山系的第一座山叫樕螽山，山的北边和乾昧山相邻。食水从樕螽山发源，向东北流注入大海。水中有很多鳙鳙鱼，样子像犁牛，叫声像猪的嘶鸣。

原文

（枸状之山）有兽焉，其状如犬，六足，其名曰从从，其鸣自詨。

译注

枸状山有一种野兽，样子像狗，长着六只脚，名叫从从，叫声就是自己的名字。

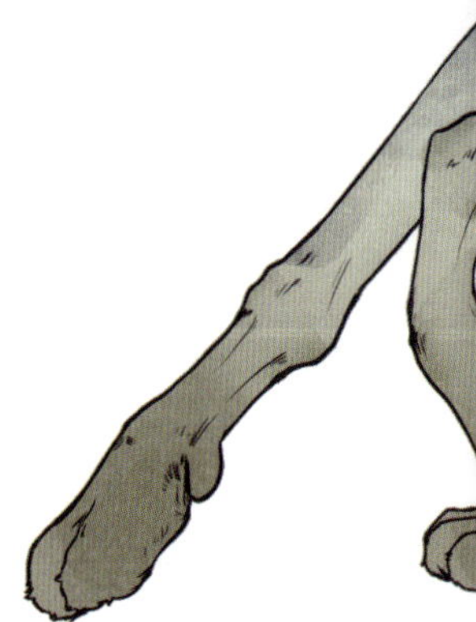

原文

（栒状之山）有鸟焉，其状如鸡而鼠尾，其名曰蚩（音咨）鼠，见则其邑大旱。

译注

栒状山还有一种鸟，样子像鸡，长着老鼠的尾巴，名叫蚩鼠，它一出现就会发生大旱灾。

箴鱼

原文

（栒状之山）沢水出焉，而北流注于湖水。其中多箴鱼，其状如儵（通鯈，音条），其喙如箴，食之无疫疾。

译注

沢水发源于栒状山，向北流注入湖水。水里有很多箴鱼，样子像儵鱼，嘴像一根针，吃了它就不会感染瘟疫。

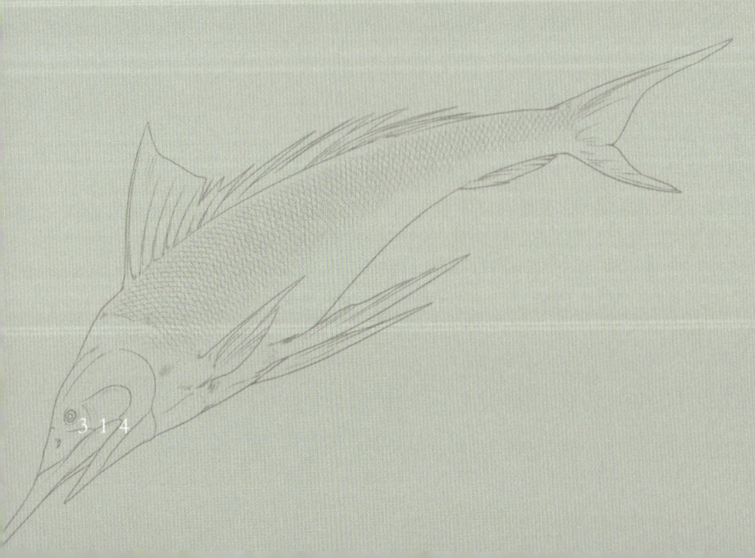

原文

又南三百里，曰犲（音柴）山，其上无草木，其下多水，其中多堪孖（音续）之鱼。有兽焉，其状如夸父而彘毛，其音如呼，见则天下大水。

译注

再往南三百里，有座犲山，山上没有花草树木，山下都是水，附近水里有很多堪孖鱼。山里有一种野兽，样子像夸父（即举父），浑身长着猪毛，叫声像人呼喊，它一出现就会发大水。

原文

（独山）末涂之水出焉，而东流注于沔，其中多儵蛹（音条颙），其状如黄蛇，鱼翼，出入有光，见则其邑大旱。

译注

末涂水发源于独山，向东流注入沔水，末涂水中有很多儵蛹，样子像黄蛇，长着鱼鳍，出入水中时有亮光，它一出现就会发生大旱灾。

原文

（泰山）有兽焉，其状如豚而有珠，名曰狪狪（音同），其鸣自叫。

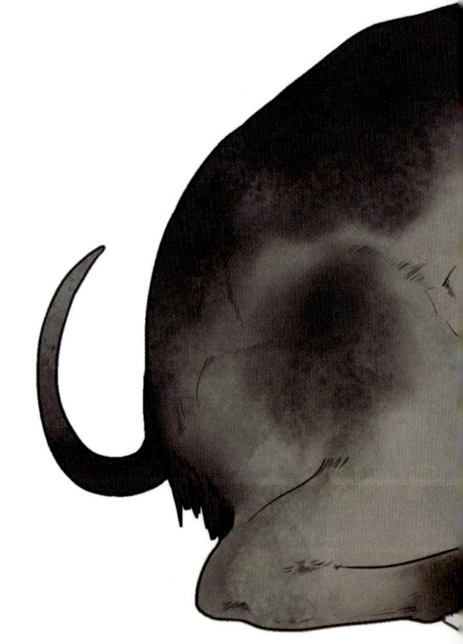

译注

泰山有一种野兽，样子像猪，身体里有珠子，名叫狪狪，叫声就是自己的名字。

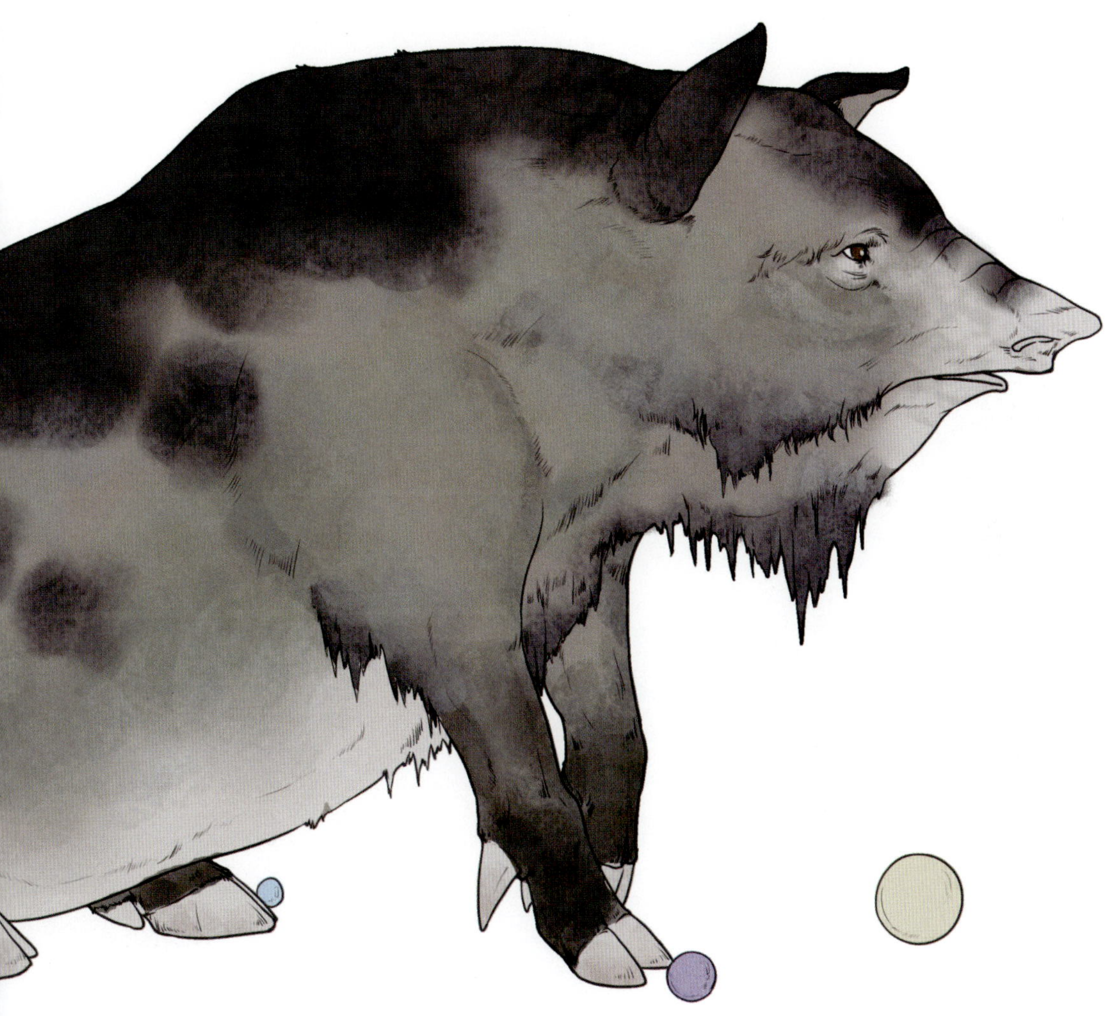

原文

凡东山之首，自樕螽之山以至于竹山，凡十二山，三千六百里。其神状皆人身龙首。祠：毛用一犬祈，衈（音耳）用鱼。

译注

东方第一列山系，从樕螽山到竹山一共十二座山，途经三千六百里。这些山的山神都是长着人的身子和龙的脑袋。祭祀这些山神，祭物要用一只狗取血涂祭，祷告时要用鱼。

原文

（空桑之山）有兽焉，其状如牛而虎文，其音如钦（通吟），其名曰軨軨（音灵），其鸣自叫，见则天下大水。

译注

空桑山有一种野兽，样子像牛，有着老虎一样的斑纹，叫声像人在呻吟，名叫軨軨，叫声就是自己的名字，它一出现就会发生大水灾。

原文

（葛山之首）澧（音礼）水出焉，东流注于余泽，其中多珠蟞（通鳖）鱼，其状如肺而四目，六足有珠，其味酸甘，食之无疠。

译注

澧水发源于葛山的起点，向东流注入余泽，水里有很多珠蟞鱼，样子像动物的肺部，长着四只眼睛和六只脚，体内有珠子，它的肉酸中带甜，吃了它的肉不会得时气病（即瘟疫）。

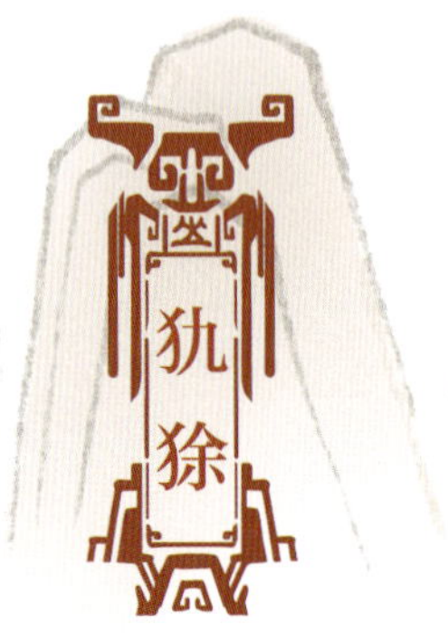

原文

（余峨之山）有兽焉，其状如菟而鸟喙，鸱目蛇尾，见人则眠，名曰犰狳（音求余），其鸣自训，见则螽（音终）蝗为败。

译注

余峨山有一种野兽，样子像兔子，长着鸟嘴、猫头鹰的眼睛和蛇的尾巴，见到人就躺下装死，名叫犰狳，叫声就是自己的名字，它一出现就会蝗虫成灾，危害庄稼。

朱獳

原文

（耿山）有兽焉，其状如狐而鱼翼，其名曰朱獳（音儒），其鸣自训，见则其国有恐。

译注

耿山有一种野兽，样子像狐狸，长着鱼鳍，名叫朱獳，它一出现国家就会发生恐慌。

原文

（卢其之山）沙水出焉，南流注于涔水，其中多鴛鶓，其状如鸳鸯而人足，其鸣自讠，见则其国多土功。

译注

沙水发源于卢其山，向南流注入涔水，沙水中有很多鴛鶓，样子像鸳鸯，长着人的脚，叫声就是自己的名字，它一出现国家就会大兴土木。

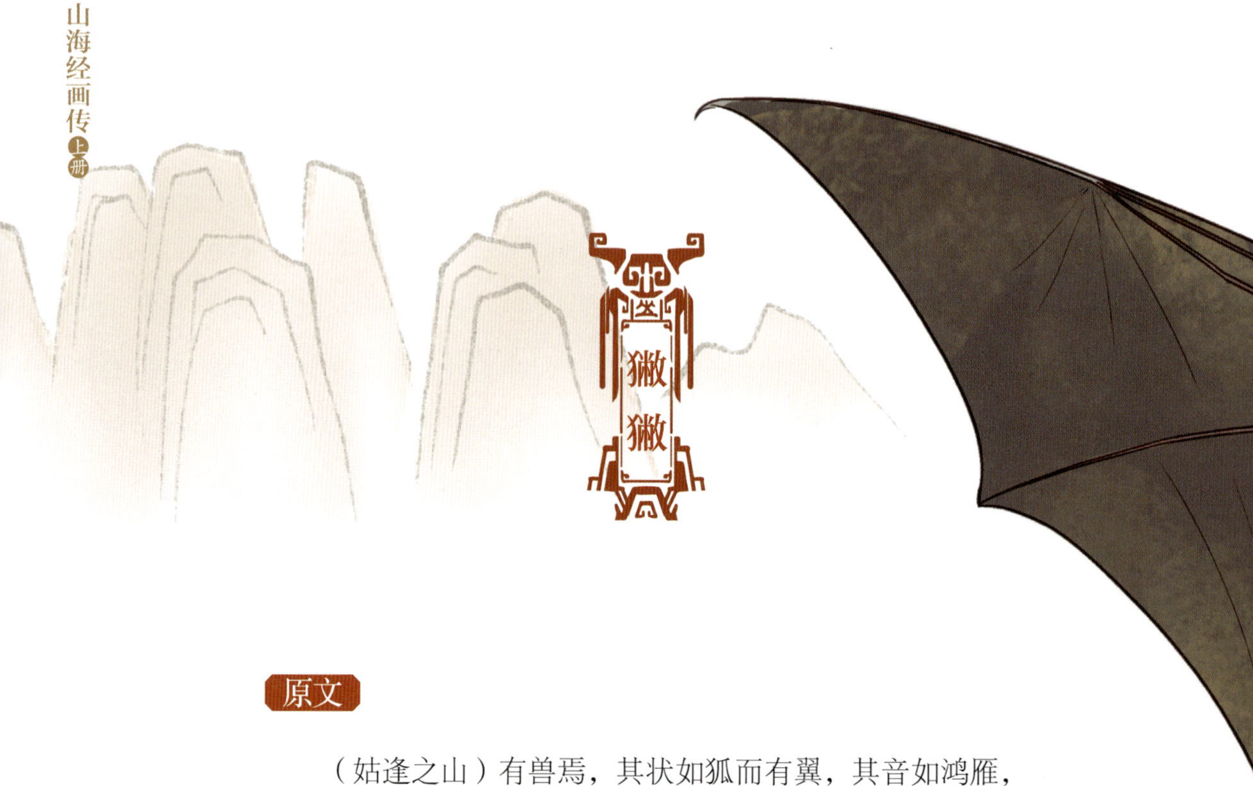

原文

（姑逢之山）有兽焉，其状如狐而有翼，其音如鸿雁，其名曰獙獙（音必），见则天下大旱。

译注

姑逢山有一种野兽，样子像狐狸，长着翅膀，叫声像大雁，名叫獙獙，它一出现天下就会大旱。

原文

（皃丽之山）有兽焉，其状如狐，而九尾、九首、虎爪，名曰𧏡蛭（音龙至），其音如婴儿，是食人。

译注

皃丽山有一种野兽，样子像狐狸，长着九条尾巴、九个脑袋和老虎的爪子，名叫𧏡蛭，叫声像婴儿，能吃人。

原文

（碑山）有兽焉，其状如马而羊目、四角、牛尾，其音如嗥狗，其名曰峳峳（音由），见则其国多狡客。

译注

碑山有一种野兽，样子像马，眼睛像羊，长着四只犄角和牛的尾巴，叫声像狗，名叫峳峳，它一出现国家就会有很多狡猾之徒出来作恶。

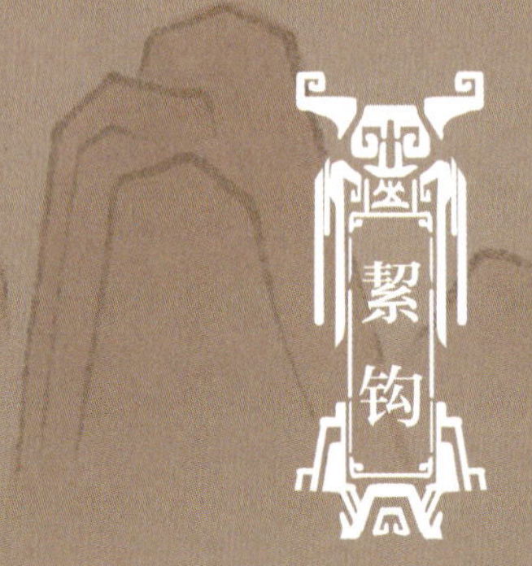

原文

（碮山）有鸟焉，其状如凫而鼠尾，善登木，其名曰絜钩，见则其国多疫。

译注

碮山还有一种鸟，样子像野鸭，长着老鼠的尾巴，擅长爬树，名叫絜钩，它一出现国家就会频繁发生瘟疫。

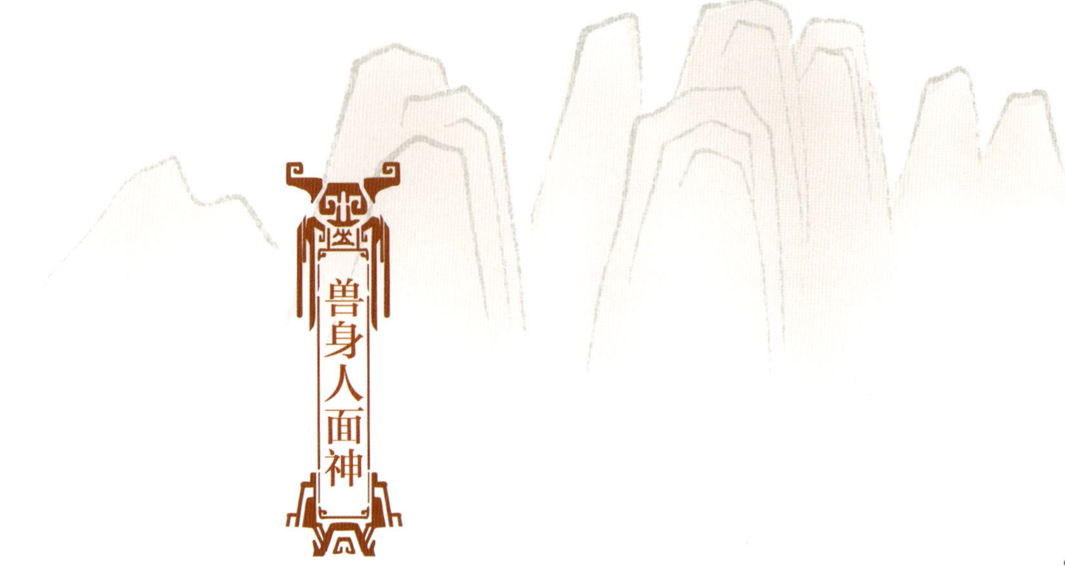

兽身人面神

原文

凡东次二山之首，自空桑之山至于䃌山，凡十七山，六千六百四十里。其神状皆兽身人面载觡（音格）。其祠：毛用一鸡祈，婴用一璧瘗。

译注

东方第二列山系，从空桑山到䃌山，共十七座山，途经六千六百四十里。这些山的山神都是野兽的身子人的脸，头上有麋鹿角。祭祀山神，毛物用一只鸡取血涂抹祭器，玉类用一块璧埋在地里。

原文

（尸胡之山）有兽焉，其状如麋而鱼目，名曰犰（音晚）胡，其鸣自训。

译注

尸胡山有一种野兽，样子像麋鹿，长着鱼眼，名叫犰胡，叫声就是自己的名字。

原文

（孟子之山）其上有水出焉，名曰碧阳，其中多鳣、鲔（音伟）。

译注

孟子山上有水流出，名叫碧阳水，水中多产鳣鱼和鲔鱼。

鮯鮯鱼

原文

有山焉，曰跂踵（音企肿）之山，广员二百里，无草木，有大蛇，其上多玉。有水焉，广员四十里，皆涌，其名曰深泽，其中多蠵（音西）龟。有鱼焉，其状如鲤，而六足鸟尾，名曰鮯鮯（音革）之鱼，其名自讠叫。

译注

有座山叫跂踵山，方圆有二百里，山上没有草木，有大蛇，山里盛产玉石。山中有一潭水，方圆有四十里，像是在沸涌，名叫深泽，深泽中多产蠵龟。水中还有一种鱼，样子像鲤鱼，长着六只脚和鸟的尾巴，名叫鮯鮯鱼，叫声就是自己的名字。

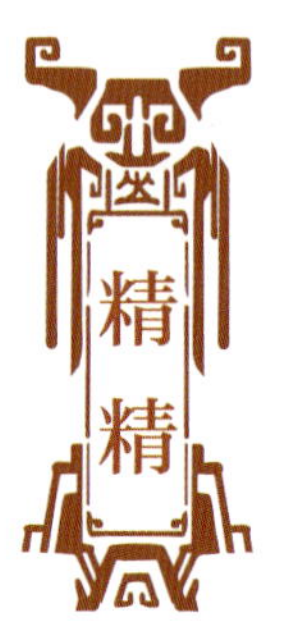

原文

又南水行九百里，曰踇隅（音母与）之山，其上多草木，多金玉，多赭。有兽焉，其状如牛而马尾，名曰精精，其鸣自叫。

译注

再往南穿过九百里水路，有座踇隅山，山上长满花草树木，有大量金属和玉石，以及赭石。山里有一种野兽，样子像牛长着马尾，名叫精精，叫声就是自己的名字。

原文

凡东次三山之首，自尸胡之山至于无皋之山，凡九山，六千九百里。其神状皆人身而羊角。其祠：用一牡羊，米用黍。是神也，见则风雨水为败。

译注

东方第三列山系，从尸胡山到无皋山共九座山，途经六千九百里。这些山的山神都长着人的身子，头上长着羊的犄角。祭祀这些山神都是用一只公羊作为祭品，精米用黍。这些山神出现的时候都会伴随着暴风骤雨，损害庄稼。

原文

（北号之山）有兽焉，其状如狼，赤首鼠目，其音如豚，名曰猲狚（音革旦），是食人。

译注

北号山有一种野兽，样子像狼，长着红色的脑袋和老鼠一样的眼睛，叫声如同小猪，名叫猲狚，能吃人。

原文

（北号之山）有鸟焉，其状如鸡而白首，鼠足而虎爪，其名曰鬿（音齐）雀，亦食人。

译注

北号山还有一种鸟，样子像鸡，长着白色的脑袋和老鼠的脚，爪子像虎爪，名叫鬿雀，也能吃人。

原文

（旄山）苍体之水出焉，而西流注于展水，其中多鳋（音秋）鱼，其状如鲤而大首，食者不疣。

译注

苍体水发源于旄山，向西流注入展水，苍体水中有很多鳋鱼，样子像鲤鱼，大脑袋，吃了它不长赘疣。

原文

（东始之山）泚水出焉，而东北流注于海，其中多美贝，多茈鱼，其状如鲋，一首而十身，其臭如蘪芜，食之不糟（通屁）。

译注

泚水发源于东始山，向东流注入大海，水中有很多美丽的贝壳，还有很多茈鱼，样子像鲫鱼，有一个脑袋十个身子，气味与蘪芜（一种香草）差不多，吃了它就会少放屁。

原文

（女烝之山）石膏水出焉，而西流注于鬲（音隔）水，其中多薄鱼，其状如鳣鱼而一目，其音如欧（通呕），见则天下大旱。

译注

石膏水发源于女烝山，向西流注入鬲水，水中有很多薄鱼，样子像鳝鱼，长着一只眼睛，叫声像人的呕吐声，它一出现天下就会有大旱灾。

（钦山）有兽焉，其状如豚而有牙，其名曰当康，其鸣自叫，见则天下大穰。

译注

钦山有一种野兽，样子像小猪，长着獠牙，名叫当康，叫声就是自己的名字，它一出现天下就会大丰收。

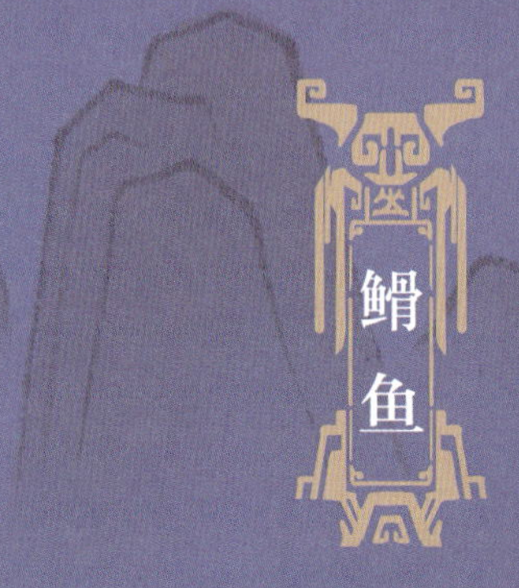

䱻鱼

原文

（子桐之山）子桐之水出焉，而西流注于余如之泽。其中多䱻（音滑）鱼，其状如鱼而鸟翼，出入有光，其音如鸳鸯，见则天下大旱。

译注

子桐水发源于子桐山，向西流入余如泽。水中多䱻鱼，样子像鱼却长着鸟的翅膀，出入时闪闪发光，叫声像鸳鸯，它一出现天下就会发生大旱灾。

原文

又东北二百里，曰剡（音善）山，多金玉。有兽焉，其状如彘而人面，黄身而赤尾，其名曰合窳，其音如婴儿。是兽也，食人，亦食虫蛇，见则天下大水。

译注

再往东北二百里，有座剡山，山里盛产金属和玉石。山中有一种野兽，样子像猪，长着人脸，黄色的身体红色的尾巴，名叫合窳，叫声像婴儿。这种野兽吃人，还吃虫蛇，它一出现天下就会有大水灾。

原文

（太山）有兽焉，其状如牛而白首，一目而蛇尾，其名曰蜚，行水则竭，行草则死，见则天下大疫。

译注

太山有一种野兽，样子像牛，白色的脑袋，长着一只眼和蛇的尾巴，名叫蜚，凡是它经过的地方，水会干涸，草会枯死，它一出现天下就会发生严重的瘟疫。

卷五
中山经

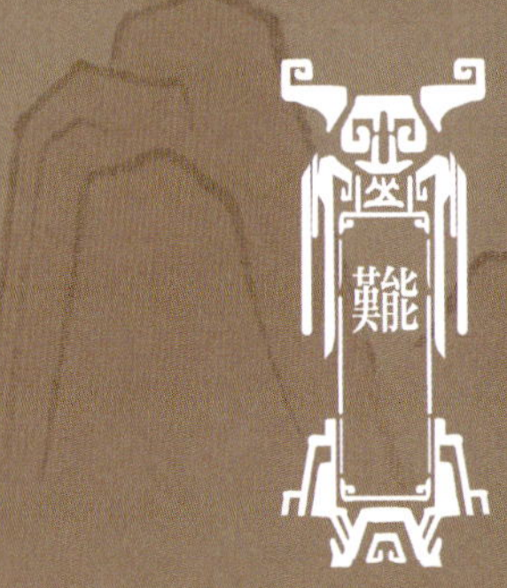

原文

（甘枣之山）有兽焉，其状如㕜（音毁）鼠而文题，其名曰䶅（音挪），食之已瘿。

译注

甘枣山有一种野兽，样子像㕜鼠，额头上有花纹，名叫䶅，吃了它的肉可以治疗脖子上的赘瘤。

原文

（渠猪之山）渠猪之水出焉，而南流注于河。其中是多豪鱼，状如鲔，而赤喙赤尾赤羽，可以已白癣。

译注

渠猪水发源于渠猪山，向南流注入河水。渠猪水里有很多豪鱼，样子像鲔鱼，长着红色的嘴巴、红色的尾巴和红色的羽毛，吃了它可以治愈白癣病。

原文

（牛首之山）劳水出焉，而西流注于潏水，是多飞鱼，其状如鲋鱼，食之已痔衕。

译注

劳水发源于牛首山，向西流注入潏水，水中有很多飞鱼，样子像鲫鱼，吃了它的肉就可以治愈痔疮。

原文

（霍山）有兽焉，其状如狸，而白尾有鬣，名曰朏朏（音匪），养之可以已忧。

译注

霍山有一种野兽，样子像野猫，长着白色的尾巴，脖子上有鬃毛，名叫朏朏，饲养它可以消除忧愁。

原文

（鲜山）鲜水出焉，而北流注于伊水。其中多鸣蛇，其状如蛇而四翼，其音如磬，见则其邑大旱。

译注

鲜水发源于鲜山，向北流注入伊水。水中有很多鸣蛇，样子像蛇长着四只翅膀，叫声像敲磬发出的声音，它一出现就会发生大旱灾。

原文

（阳山）阳水出焉，而北流注于伊水。其中多化蛇，其状如人面而豺身，鸟翼而蛇行，其音如叱呼，见则其邑大水。

译注

阳水发源于阳山，向北流注入伊水。水中有很多化蛇，长着人的面孔和豺狼的身子，有鸟的翅膀，像蛇一样蜿蜒爬行，叫声像人的斥骂声，它一出现就会发大水。

蛮蛭

原文

（昆吾之山）有兽焉，其状如彘而有角，其音如号，名曰蛮蛭，食之不眯。

译注

昆吾山有一种野兽，样子像猪，长着犄角，叫声像人的号啕大哭，名叫蛮蛭，吃了它的肉就不会做噩梦。

马腹

原文

（蔓渠之山）有兽焉，其名曰马腹，其状如人面虎身，其音如婴儿，是食人。

译注

蔓渠山有一种野兽，名叫马腹，长着人的面孔和老虎的身子，叫声像婴儿，能吃人。

人面鸟身神

原文

凡济山之首，自辉诸之山至于蔓渠之山，凡九山，一千六百七十里。其神皆人面而鸟身。祠用毛，用一吉玉，投而不糈。

译注

整个济山山系，从辉诸山到蔓渠山共九座山，途经一千六百七十里，这些山的山神都长着人的脸和鸟的身子。祭祀这些山神的时候要用毛物和一块美玉，把吉玉扔到山谷里，祭祀不用精米。

原文

（敖岸之山）其阳多瑨玗（音突浮）之玉，其阴多赭、黄金。神熏池居之。

译注

敖岸山的南边多产瑨玗玉，北边多产赭石和黄金。神熏池在这里居住。

夫诸

原文

（敖岸之山）有兽焉，其状如白鹿而四角，名曰夫诸，见则其邑大水。

译注

敖岸山有一种野兽，样子像白鹿，长着四只角，名叫夫诸，它一出现就会发大水。

原文

（青要之山）䰠（音神）武罗司之，其状人面而豹文，小要（通腰）而白齿，而穿耳以鐻（音渠），其鸣如鸣玉。

译注

神武罗掌管着青要山，长着人的面孔和豹子的斑纹，有细细的腰身和洁白的牙齿，戴着耳环，叫声像玉石撞击的声音。

原文

（青要之山）畛水出焉，而北流注于河。其中有鸟焉，名曰䴔（音咬），其状如凫，青身而朱目赤尾，食之宜子。

译注

畛水发源于青要山，向北流注入河水。山里有一种鸟，名叫䴔，样子像野鸭，身体是青色的，长着浅红色的眼睛和深红色的尾巴，吃了它可以多生孩子。

原文

（䰠山）正回之水出焉，而北流注于河。其中多飞鱼，其状如豚而赤文，服之不畏雷，可以御兵。

译注

正回水发源于䰠山，向北流入河水。水中多产飞鱼，样子像小猪，长有红色斑纹，吃了它可以不怕打雷，还可以防御兵灾。

原文

（和山）吉神泰逢司之，其状如人而虎尾，是好居于萯（音倍）山之阳，出入有光。泰逢神动天地气也。

译注

吉神泰逢主管和山，样子像人，长着老虎的尾巴，喜欢住在萯山向阳的地方，出入时都伴有亮光。泰逢神能兴云雨。

祭祀泰逢、熏池、武罗这三个神都是用一只剖开肚子的公羊。

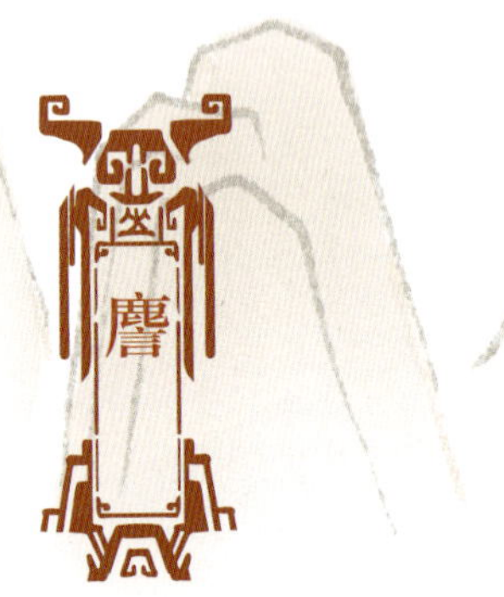

原文

（扶猪之山）有兽焉，其状如貉而人目，其名曰麢（音银）。

译注

扶猪山有一种野兽，样子像貉（外形像狐狸的犬科动物，昼伏夜出，皮毛珍贵），长着人的眼睛，名叫麢。

原文

（厘山）有兽焉，其状如牛，苍身，其音如婴儿，是食人，其名曰犀渠。

译注

厘山有一种野兽，样子像牛，全身青黑色，叫声像婴儿，能吃人，名叫犀渠。

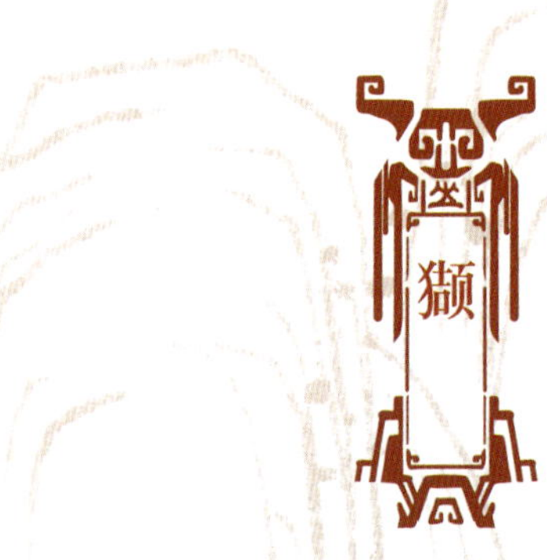

原文

（厘山）有兽焉，名曰獬（音携），其状如獳犬而有鳞，其毛如彘鬣。

译注

厘山还有一种野兽，名叫獬，样子像獳犬（被激怒的狗），身上长着鳞甲，毛像猪鬃。

人面兽身神

原文

凡厘山之首，自鹿蹄之山至于玄扈之山，凡九山，千六百七十里。其神状皆人面兽身。其祠之，毛用一白鸡，祈而不糈，以采衣之。

译注

整个厘山山系，从鹿蹄山到玄扈山共九座山，途经一千六百七十里。这些山的山神都是长着人的面孔野兽的身子。祭祀这些山神要用一只白色的鸡作为祭品，祭祀时不用精米，用彩色的帛把鸡包起来。

䳅鸟

原文

（首山）其阴有谷，曰机谷，多䳅（音带）鸟，其状如枭而三目，有耳，其音如録（通鹿），食之已垫。

译注

首山的北边有一个山谷名叫机谷，机谷里有很多䳅鸟，样子像猫头鹰，长着三只眼睛，有耳朵，叫声像鹿鸣，吃了它可以治愈湿气病。

骄虫

原文

（平逢之山）有神焉，其状如人而二首，名曰骄虫，是为螫（音式）虫，实惟蜂蜜之庐。其祠之：用一雄鸡，禳而勿杀。

译注

平逢山有一位神，样子像人长着两个脑袋，名叫骄虫，是螫虫（身上有毒刺能蜇人的昆虫）的首领，这座山是蜜蜂一类昆虫筑巢聚集的地方。祭祀骄虫要用一只公鸡，祈祷完毕后将公鸡放生。

原文

又西十里，曰瑰（音归）山，多瑶琈之玉。其西有谷焉，名曰雚谷，其木多柳楮。其中有鸟焉，状如山鸡而长尾，赤如丹火而青喙，名曰鸰䳤（音铃腰），其鸣自呼，服之不眯。

译注

再往西十里，有座瑰山，山上盛产瑶琈玉。山的西边有一个山谷叫雚谷，雚谷里有很多柳树、构树。谷中有一种鸟，样子像山鸡，长着长长的尾巴，羽毛像火一样红，嘴巴是青色的，名叫鸰䳤，叫声就是自己的名字，吃了它能使人不做噩梦。

原文

（橐山）橐水出焉，而北流注于河。其中多修辟之鱼，状如黾（音猛）而白喙，其音如鸱，食之已白癣。

译注

橐水发源于橐山，向北流注入河水。水里有很多修辟鱼，样子像青蛙，长着白色的嘴巴，叫声像猫头鹰，吃了它可以治愈白癣病。

帝女尸

原文

（姑媱之山）帝女死焉，其名曰女尸，化为䔄草，其叶胥成，其华黄，其实如菟丘，服之媚于人。

译注

天帝的一个女儿死于姑媱山，名叫女尸，死后变成了䔄草（一种草，类似灵芝），这草的叶子是一层层密集地长在一起的，花是黄色的，果实与菟丝子（一年生寄生草本）的果实相似，女子吃了它便能得到宠爱。

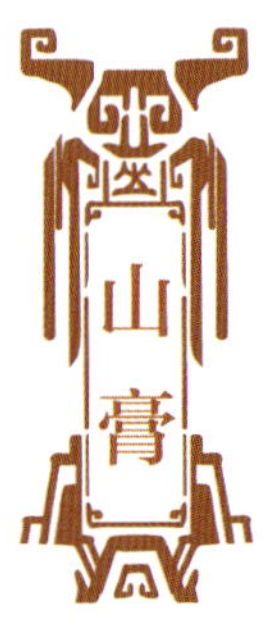

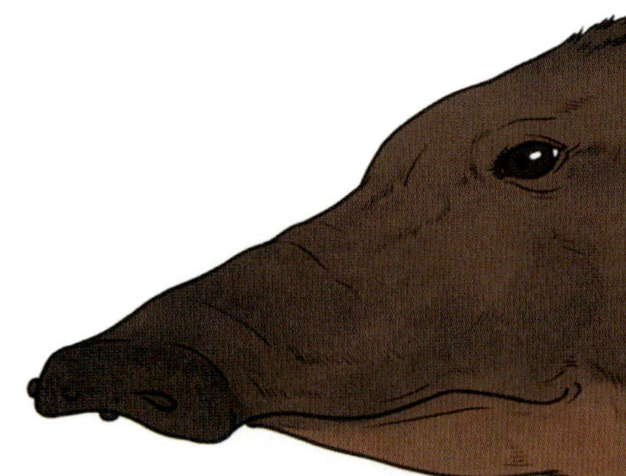

原文

（苦山）有兽焉，名曰山膏，其状如豚，赤若丹火，善詈（音立）。

译注

苦山有一种野兽，名叫山膏，样子像小猪，全身红得像一团火，喜欢骂人。

天愚

原文

（堵山）神天愚居之，是多怪风雨。其上有木焉，名曰天楄（音编），方茎而葵状，服者不哽（通噎）。

译注

神天愚居住在堵山，山上多有怪风和怪雨。山上生长着一种树，名叫天楄，方形的茎，形状像葵，吃了它可以不哽噎。

原文

（放皋之山）有兽焉，其状如蜂，枝尾而反舌，善呼，其名曰文文。

译注

放皋山有一种野兽，样子像蜂，尾巴分叉，舌头倒着长，喜欢呼唤，名叫文文。

原文

（大苦之山）其阳狂水出焉，西南流注于伊水，其中多三足龟，食者无大疾，可以已肿。

译注

大苦山的南边是阳水的发源地，向西南流注入伊水，水中多产三足龟，吃了它可以不生大病，还可以消除痈肿。

䲘鱼

原文

（半石之山）来需之水出于其阳，而西流注于伊水，其中多䲘（音伦）鱼，黑文，其状如鲋，食者不睡。

译注

来需水发源于半石山南边，向西流注入伊水。水里有很多䲘鱼，浑身长满黑色斑纹，样子像鲫鱼，吃了它的肉可以不睡觉。

䲢鱼

原文

（半石之山）合水出于其阴，而北流注于洛，多䲢（音腾）鱼，状如鳜，居逵，苍文赤尾，食者不痈，可以为瘘。

译注

合水发源于半石山北边，向北流注入洛水，水中有很多䲢鱼，长得像鳜鱼，居住在水底的洞穴里，身上长着青色的斑纹，有红色的尾巴，吃了它可以不得痈肿病，还能治好瘘疮。

鯑鱼

原文

（少室之山）休水出焉，而北流注于洛，其中多鯑鱼，状如盩蜼（音周位）而长距，足白而对，食者无蛊疾，可以御兵。

译注

休水发源于少室山，向北流注入洛水。水中有很多鯑鱼，长相似猕猴，脚距较长，白色的脚趾相对而生，吃了它的肉可不中妖魔邪气，还可躲避兵器的伤害。

原文

凡苦山之首，自休与之山至于大騩之山，凡十有九山，千一百八十四里。其十六神者，皆豕身而人面。其祠：毛牷用一羊羞，婴用一藻玉瘗。

译注

苦山山系，从休与山到大騩山共十九座山，途经一千一百八十四里。其中有十六座山的山神都是长着猪的身子和人的脸。祭祀这些山神的礼仪如下：用一只纯色的羊，玉器要用一块藻玉，祭祀后埋入地下。

原文

苦山、少室、太室皆冢也，其祠之：太牢之具，婴以吉玉。其神状皆人面而三首，其余属皆豕身而人面也。

译注

苦山、少室山、太室山是诸山的宗主，祭祀这三座山的山神礼仪如下：用太牢（即猪牛羊三牲俱全），玉器要用吉玉。这三座山的山神都有人的面孔，长着三个脑袋。另外那十六座山的山神都是长着猪的身子和人的脸。

鲛鱼

原文

（荆山）漳水出焉，而东南流注于雎，其中多黄金，多鲛鱼。其兽多闾、麋。

译注

漳水发源于荆山，向东南流注入雎水，水中多产黄金，多鲛鱼。所产兽多是山驴和麋鹿。鲛鱼据说就是鲨鱼。

蟲围

原文

（骄山）神蟲（音驼）围处之，其状如人而羊角虎爪，恒游于雎漳之渊，出入有光。

译注

神蟲围住在骄山，样子像人，长着羊角和老虎的爪子，经常在雎水和漳水的深处活动，出入时有亮光环绕。

鸩

原文

（女几之山）其上多玉，其下多黄金，其兽多豹、虎，多闾、麋、麖、麂，其鸟多白鷮（音骄），多翟，多鸩。

译注

女几山上多产玉石，山下多产黄金，野兽多是豹子和老虎，还有山驴、麋、麂和牛尾一角的麖，鸟类多是白鷮（像野鸡，长尾巴），还有野鸡和鸩鸟。

计蒙

原文

（光山）神计蒙处之，其状人身而龙首，恒游于漳渊，出入必有飘风暴雨。

译注

神计蒙住在光山，长着人的身子和龙的脑袋，时常在漳水的深渊里游玩，出入时必有暴风骤雨相伴。

原文

（岐山）其阳多赤金，其阴多白珉（音民），其上多金、玉，其下多青雘（音霍），其木多樗（音出）。神涉蟲处之，其状人身而方面三足。

译注

岐山的南边多产赤金，北面多产白珉（一种类似玉的石头），山上多产金属矿物和玉石，山下多产青雘和樗树。神涉蟲住在岐山，长着人的身子，方形的面孔，有三只脚。

原文

凡荆山之首，自景山至琴鼓之山，凡二十三山，二千八百九十里。其神状皆鸟身而人面。其祠：用一雄鸡祈瘗，用一藻圭，糈用稌。骄山，冢也，其祠：用羞酒少牢祈瘗，婴用一璧。

译注

整个荆山山系，从景山到琴鼓山，一共二十三座山，途经二千八百九十里。这些山的山神都长着鸟的身子和人的脸。祭祀山神，毛物用一只雄鸡取血涂祭后埋进地里，祀神的玉用一块藻圭，祀神的精米用稻米。骄山是众山的宗主，祭祀它要用专门献神的酒，还要用代表少牢的猪和羊涂祭后埋进地里，祀神的玉用一块璧。

原文

（岷山）江水出焉，东北流注于海，其中多良龟，多鼍（音驼）。

译注

江水发源于岷山，向东北流注入大海，水中多产良龟和鼍（大概是扬子鳄）。

原文

（崌山）有鸟焉，状如鴞而赤身白首，其名曰窃脂，可以御火。

译注

崌山有一种鸟，样子像猫头鹰，红色的身子白色的脑袋，名叫窃脂，饲养它可以避免火灾。

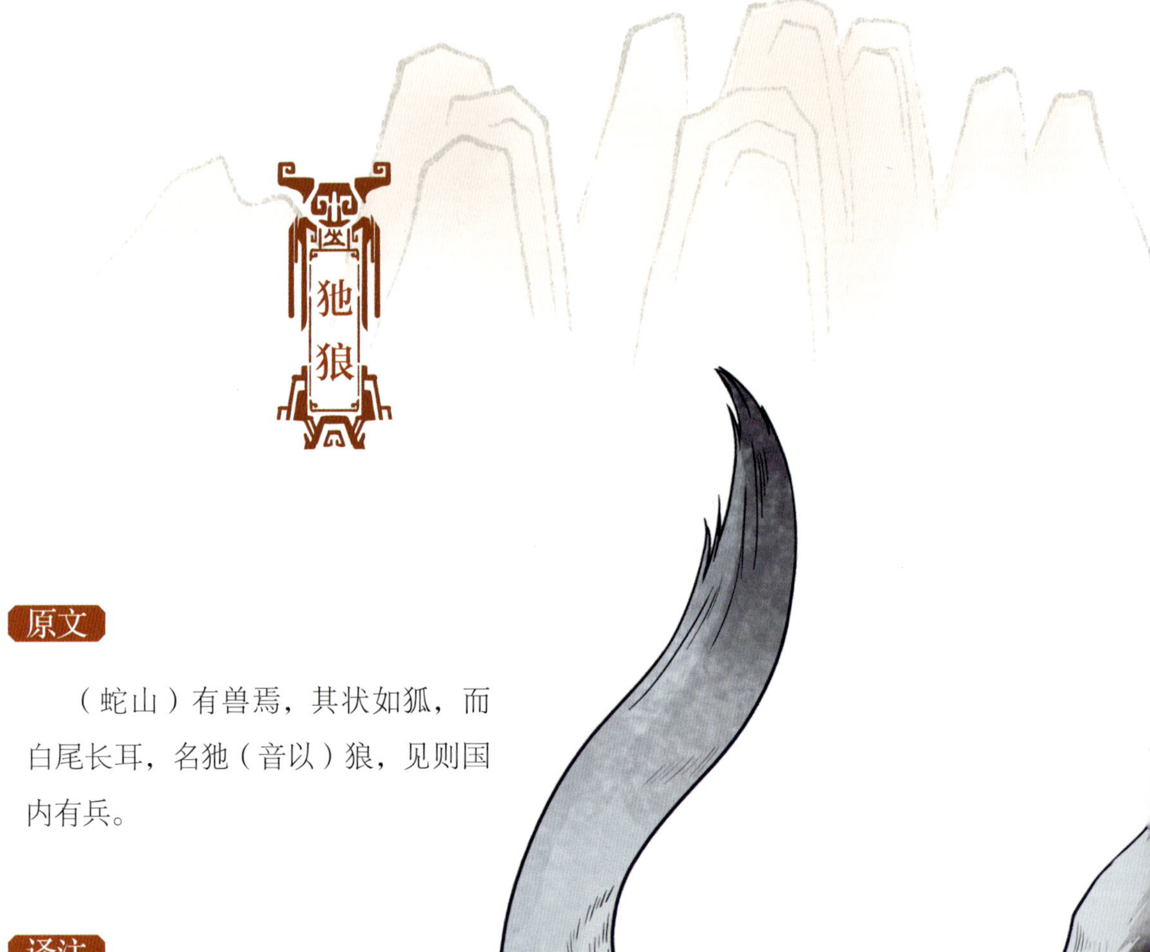

原文

（蛇山）有兽焉，其状如狐，而白尾长耳，名狏（音以）狼，见则国内有兵。

译注

蛇山有一种野兽，样子像狐狸，长着白色的尾巴，长长的耳朵，名叫狏狼，它一出现就会发生战争。

原文

凡岷山之首，自女几山至于贾超之山，凡十六山，三千五百里。其神状皆马身而龙首。其祠：毛用一雄鸡瘞，糈用稌。

译注

整个岷山山系，从女几山到贾超山共十六座山，途经三千五百里。这些山的山神都是长着马的身子和龙的脑袋。祭祀这些山神，祭物要用一只公鸡，祭祀后埋入地下，祭祀用的米要用稻米。

原文

（复州之山）有鸟焉，其状如鸮，而一足彘尾，其名曰跂踵，见则其国大疫。

译注

复州山有一种鸟，样子像猫头鹰，长着一只脚和猪的尾巴，名叫跂踵，它一出现就会发生大瘟疫。

龙身人面神

原文

凡首阳山之首，自首山至于丙山，凡九山，二百六十七里。其神状皆龙身而人面。其祠之：毛用一雄鸡瘗，糈用五种之糈。

译注

整个首阳山山系，从首山到丙山，共九座山，途经二百六十七里。这些山的山神都长着龙的身子和人的脸。祭祀山神，毛物用一只雄鸡埋在地里，精米用黍、稷、稻、粱、麦五种精米。

原文

（丰山）有兽焉，其状如蝯（通猿），赤目、赤喙、黄身，名曰雍和，见则国有大恐。

译注

丰山有一种野兽，样子像猿猴，长着红色的眼睛、红色的嘴巴和黄色的身体，名叫雍和，它一出现国家就会发生恐慌。

耕父

原文

（丰山）神耕父处之，常游清泠之渊，出入有光，见则其国为败。

译注

神耕父住在丰山，他时常在清泠渊畅游，出入伴随着光亮，它一出现国家就会走向衰败。

原文

（瑶碧之山）有鸟焉，其状如雉，恒食蜚，名曰鸩。

译注

瑶碧山有一种鸟，样子像野鸡，只吃臭虫，名叫鸩。

原文

（攻离之山）有鸟焉，其名曰婴勺，其状如鹊，赤目、赤喙、白身，其尾若勺，其鸣自呼。

译注

攻离山有一种鸟，名叫婴勺，样子像喜鹊，长着红色的眼睛和嘴巴，白色的身体，尾巴像一个勺子，叫声就是自己的名字。

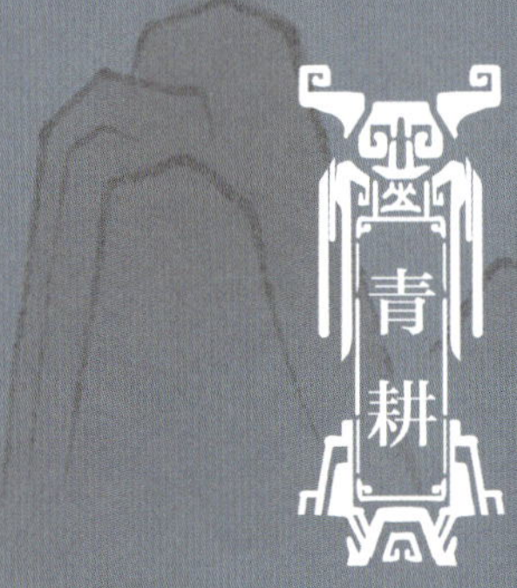

原文

（堇理之山）有鸟焉，其状如鹊，青身白喙，白目白尾，名曰青耕，可以御疫，其鸣自叫。

译注

堇理山有一种鸟，样子像喜鹊，青色的身体，白色的嘴巴，眼睛和尾巴也都是白色的，名叫青耕，饲养它可以躲避瘟疫，叫声就是自己的名字。

原文

（依轱之山）有兽焉，其状如犬，虎爪有甲，其名曰獜（音吝），善驶犁（音央奋），食者不风。

译注

依轱山有一种野兽，样子像狗，长着老虎的爪子，身上有鳞甲，名叫獜，擅长奔腾跳跃，吃了它就不会得风痹病。

原文

（从山）从水出于其上，潜于其下，其中多三足鳖，枝尾，食之无蛊疾。

译注

从水发源于从山山顶，然后流到山底下，水中有很多三足鳖，长着分叉的尾巴，吃了它就可以不中妖魔邪气。

原文

（毕山）帝苑之水出焉，东北流注于瀙（音沁），其中多水玉，多蛟。

译注

帝苑水发源于毕山，向东流入瀙水，水中多产水晶和蛟。

原文

（乐马之山）有兽焉，其状如彙，赤如丹火，其名曰猴（音立），见则其国大疫。

译注

乐马山有一种野兽，样子像刺猬，全身一团火红，名叫猴，它一出现国家就会发生大瘟疫。

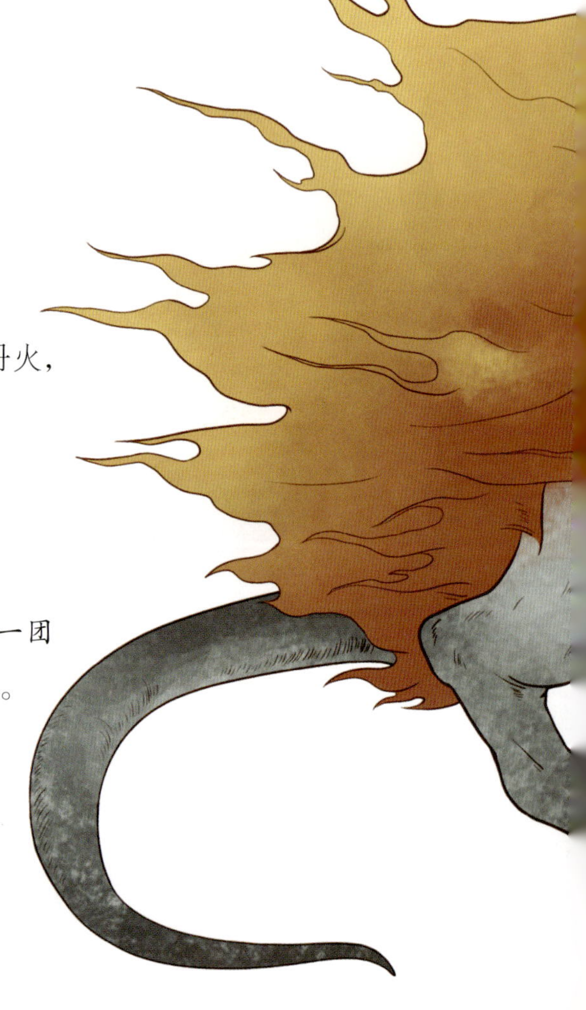

原文

（倚帝之山）有兽焉，状如鼣（音费）鼠，白耳白喙，名曰狙（音居）如，见则其国有大兵。

译注

倚帝山有一种野兽，样子像鼣鼠（传说中的老鼠名字），长着白色的耳朵和嘴巴，名叫狙如，它一出现就会发生大规模的战争。

原文

（鲜山）有兽焉，其状如膜犬，赤喙、赤目、白尾，见则其邑有火，名曰狢（音移）即。

译注

鲜山有一种野兽，样子像膜犬（这种狗体形高大、毛发浓密、性情凶悍），长着红色的嘴巴、红色的眼睛和白色的尾巴，它一出现就会发生火灾，它的名字叫狢即。

原文

（历石之山）有兽焉，其状如狸，而白首虎爪，名曰梁渠，见则其国有大兵。

译注

历石山有一种野兽，样子像野猫，长着白色的脑袋和老虎一样的爪子，名叫梁渠，它一出现国家就会发生战争。

原文

（丑阳之山）有鸟焉，其状如乌而赤足，名曰鴸鵌（音指图），可以御火。

译注

丑阳山有一种鸟，样子像乌鸦，长着红色的爪子，名叫鴸鵌，饲养它可以避免火灾。

闻獜

原文

（几山）有兽焉，其状如彘，黄身、白头、白尾，名曰闻獜（音吝），见则天下大风。

译注

几山有一种野兽，样子像猪，长有黄色的身子、白色的脑袋和白色的尾巴，名叫闻獜，它一出现就会刮大风。

原文

凡荆山之首，自翼望之山至于几山，凡四十八山，三千七百三十二里。其神状皆彘身人首。其祠：毛用一雄鸡祈瘗，婴用一珪，糈用五种之精。

译注

整个荆山山系，从翼望山到几山，一共四十八座山，途经三千七百三十二里。这些山的山神都长着猪的身子和人的脑袋。祭祀山神，毛物用一只雄鸡取血涂祭，然后埋进地里，献祭的玉用一块珪，祀神的精米用黍、稷、稻、粱、麦五种精米。

于儿

原文

（夫夫之山）神于儿居之，其状人身而手操两蛇，常游于江渊，出入有光。

译注

神于儿住在夫夫山，长着人的身子，手里握着两条蛇，常常在江水深处游走，出入时伴随着光芒。

帝之二女

原文

（洞庭之山）帝之二女居之，是常游于江渊。澧沅之风，交潇湘之渊，是在九江之间，出入必以飘风暴雨。

译注

天帝的两个女儿住在洞庭山，她们经常在江水的深渊中畅游。从澧水和沅水吹来的风，交汇在潇湘的渊潭，这里是九条江水汇合的中心地带，两位神女出入的时候都伴随着狂风暴雨。

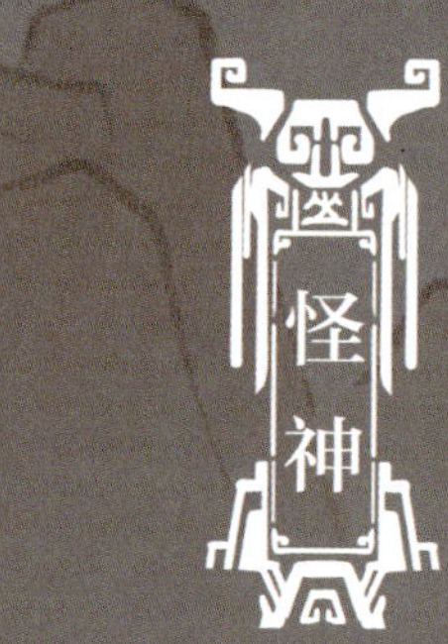

原文

（洞庭之山）是多怪神，状如人而载蛇，左右手操蛇。

译注

洞庭山有很多怪神，样子像人，身上戴着蛇，左手和右手也都拿着蛇。

蛫

原文

（即公之山）有兽焉，其状如龟，而白身赤首，名曰蛫（音鬼），是可以御火。

译注

即公山有一种野兽，样子像乌龟，长着白色的身体和红色的脑袋，名叫蛫，饲养它可以躲避火灾。

鸟身龙首神

原文

凡洞庭山之首，自篇遇之山至于荣余之山，凡十五山，二千八百里。其神状皆鸟身而龙首。其祠：毛用一雄鸡、一牝豚钊（音机），糈用稌。

译注

整个洞庭山山系，从篇遇山到荣余山，共十五座山，途经二千八百里。这些山的山神都长着鸟的身子和龙的脑袋。祭祀山神，毛物用一只雄鸡和一只母猪取血涂祭。祀神的精米用稻米。

王旭龙 绘
罗振江 校

[下册]

科学普及出版社
·北 京·

目录
CONTENTS

下册

卷六
海外南经

结匈国人

原文

结匈国在其西南，其为人结匈。

译注

结匈国在灭蒙鸟的西南面，这里的人都是鸡胸。

“匈”通“胸”，结匈即鸡胸，是一种畸形。

原文

羽民国在其东南，其为人长头，身生羽。一曰在比翼鸟东南，其为人长颊。

《大荒南经》：有羽民之国，其民皆生毛羽。

译注

羽民国在比翼鸟的东南方，国中之人都长着长长的脑袋，身上长满了羽毛。另有一种说法认为羽民国在比翼鸟的东南方，那里的人长着很长的面颊。

据《大荒南经》记载，有个羽民国，那里的人浑身长满羽毛。

二八神

原文

有神人二八，连臂，为帝司夜于此野。在羽民东。其为人小颊赤肩。

译注

有二八神人（即十六个神），手臂是连在一起的，在一片荒野中为天帝守夜。二八神在羽民国东边，长着狭小的脸颊和红色的肩膀。

讙头国人

原文

讙头国在其南，其为人人面有翼，鸟喙，方捕鱼。一曰在毕方东。或曰讙朱国。

《大荒南经》：有人焉，鸟喙，有翼，方捕鱼于海。大荒之中，有人名曰驩头。鲧（音滚）妻士敬，士敬子曰炎融，生驩头。驩头人面鸟喙，有翼，食海中鱼，杖翼而行。维宜芑苣（音起巨），穋（音路）杨是食。有驩头之国。

译注

讙头国在毕方鸟的南边，国中的人长着人的面孔和翅膀，还有鸟的嘴，正在捕鱼。还有一种说法认为讙头国在毕方鸟以东，也有人认为讙头国也叫讙朱国。

据《大荒南经》记载：有人长着鸟嘴，有翅膀，正在海上捕鱼。大荒之中，有人名叫驩头。鲧的妻子名叫士敬，士敬的儿子叫炎融，炎融生了驩头。驩头长着人脸和鸟嘴，有翅膀，吃海里的鱼，把翅膀当作支撑用来行走。把杞、苣、穋、杨当食物吃，于是有了驩头国。

在《山海经》中，讙头、驩头、讙朱、丹朱等指的都是同一人种。

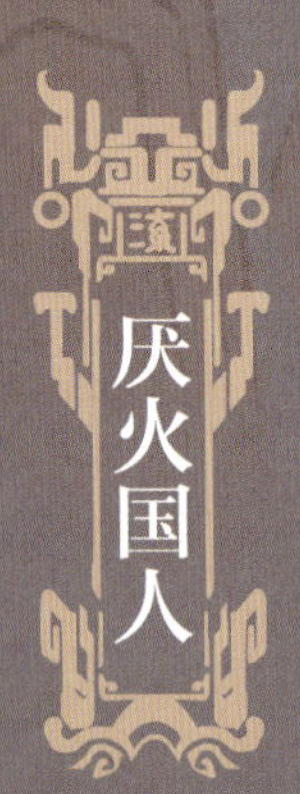

原文

厌火国在其南，其为人兽身黑色，火出其口中。一曰在讙朱东。

译注

厌火国在讙头国的南边，这里的人长着野兽的身子，全身黑色，嘴里能吐出火。另有一种说法是厌火国在讙朱国东边。

原文

三苗国在赤水东，其为人相随。一曰三毛国。

译注

三苗国在赤水东边，国中人彼此跟着结伴行走。还有一种说法认为三苗国也叫三毛国。

原文

臷（音至）国在其东，其为人黄，能操弓射蛇。一曰臷国在三毛东。

译注

臷国在三苗国的东边，这个国家的人都是黄色皮肤，擅长操持弓箭射蛇。还有一种说法认为臷国在三毛国东边。

原文

贯匈国在其东，其为人匈有窍。一曰在载国东。

译注

贯匈国在载国的东边，这里的人胸膛上有一个洞（贯匈也被称作穿匈）。还有一种说法认为贯匈国在载国东边。

原文

交胫国在其东，其为人交胫。一曰在穿匈东。

译注

交胫国在贯匈国的东边，国中人的两条小腿能够相互交叉。另有一种说法认为交胫国在穿匈国东边。

不死民

原文

不死民在其东，其为人黑色，寿，不死。一曰在穿匈国东。

《大荒南经》：有不死之国，阿姓，甘木是食。

译注

不死民在交胫国的东边，不死民全身都是黑色的，寿命很长，不会死。还有一种说法认为不死民在穿匈国东边。

据《大荒南经》记载，有不死国，姓阿，吃的是不死树（即甘木）。

原文

反舌国在其东，其为人反舌。一曰支舌国，在不死民东。

译注

反舌国在不死民的东边，这里的人们都是舌根在前，舌尖伸向了喉部。还有一种说法认为反舌国叫支舌国，在不死民东边。

原文

羿与凿齿战于寿华之野，羿射杀之。在昆仑虚东。羿持弓矢，凿齿持盾。一曰持戈。

译注

羿与凿齿在寿华的原野中战斗，羿射死了凿齿。那个地方就在昆仑山以东。羿手持弓箭，凿齿手持盾牌。还有一种说法认为凿齿拿的是戈。

三首国人

原文

三首国在其东，其为人一身三首。一曰在凿齿东。

译注

三首国在它的东边，这里的人都长着一个身体和三个脑袋。还有一种说法认为三首国在凿齿的东边。

原文

周饶国在其东，其为人短小，冠带。一曰焦饶国在三首东。

译注

周饶国在三首国的东边，国中人都身材矮小，戴着帽子系着腰带。还有一种说法认为焦侥国在三首国东边。

周饶国又称焦侥国，“周饶”和“焦饶”都是“侏儒”的转声，人们身材矮小。

长臂国人

原文

长臂国在其东，捕鱼水中，两手各操一鱼。一曰在焦侥东，捕鱼海中。

译注

长臂国在周饶国的东边，这里的人常在水中捕鱼，左右两手各抓着一条鱼。还有一种说法认为长臂国在焦侥国以东，国中人在大海中捕鱼。

原文

南方祝融，兽身人面，乘两龙。

译注

南方有神叫祝融（祝融是神话传说中的火神），长着野兽的身子和人的面孔，乘着两条龙。

卷七

海外西经

原文

灭蒙鸟在结匈国北，为鸟青，赤尾。

译注

灭蒙鸟在结匈国的北边，这种鸟全身的羽毛都是青色的，只有尾巴是红色的。

原文

大乐之野，夏后启于此儛（通舞）《九代》，乘两龙，云盖三层。左手操翳，右手操环，佩玉璜。在大运山北。一曰大遗之野。

译注

大乐野，夏后启在这里看乐舞《九代》的演出，他驾着两条龙，身边有三层云盖。他左手拿着华盖，右手握一只玉环，腰间佩戴玉璜。这地方在大运山的北边。还有一种说法是在大遗野观看乐舞。

原文

三身国在夏后启北，一首而三身。

《大荒南经》：大荒之中，有不庭之山，荣水穷焉。有人三身，帝俊妻娥皇，生此三身之国，姚姓，黍食，使四鸟。

译注

三身国在夏后启北边，国人长有一个头、三个身体。

据《大荒南经》记载，大荒之中有座不庭山，荣水流到这里就穷尽了。有人长着三个身子，帝俊的妻子叫娥皇，这些三身国人就是他们的后代。三身国人都姓姚，以黍为主要食物，能驯化驱使四种野兽（指老虎、豹子、狗熊、棕熊四种野兽）。

原文

一臂国在其北，一臂、一目、一鼻孔。

译注

一臂国在三身国北边，国中的人都只有一条胳膊、一只眼睛和一个鼻孔。

原文

有黄马，虎文，一目而一手。

译注

有一种黄马，身上长着老虎的斑纹，长着一只眼睛和一条前腿。

奇肱国人

原文

奇肱（音机公）之国在其北。其人一臂三目，有阴有阳，乘文马。有鸟焉，两头，赤黄色，在其旁。

译注

奇肱国在一臂国北边，国中的人长着一条胳膊和三只眼睛，眼睛分阴阳，阴眼在上，阳眼在下，骑着文马。有一种鸟，长着两个脑袋，身体是红黄色的，伴随在他们身旁。

据《海内北经》记载：有文马，缟身朱鬣，目若黄金，名曰吉量，乘之寿千岁。文马即吉量马，白色的身子，红色的鬃毛，眼睛像黄金，人骑上它能长寿千岁。

刑天

原文

刑天与帝争神，帝断其首，葬之常羊之山。乃以乳为目，以脐为口，操干戚以舞。

译注

刑天和天帝争神座，天帝砍掉了他的脑袋，把他的头埋葬在常羊山。断头的刑天便用双乳当作眼睛，用肚脐当嘴巴，左手拿着一面盾，右手拿着一把斧头，不停挥舞，继续战斗。

原文

女祭、女薎（音灭）在其北，居两水间。薎操鱼䱇（音旦），祭操俎。

译注

女祭、女蔑在它的北边，居住在两条河流之间。女蔑手中拿着一个小酒杯，女祭手中捧着一个肉案。

原文

鸾（音次）鸟、鹪（音詹）鸟，其色青黄，所经国亡。在女祭北。鸾鸟人面，居山上。一曰维鸟，青鸟、黄鸟所集。

译注

鸾鸟和鹪鸟的颜色都是青中带黄，它们经过的国家都会灭亡。它们的栖息地在女祭的北边。鸾鸟长着人脸，住在山上。有一种说法认为这两种鸟在一起并称维鸟，是青鸟和黄鸟聚集在一起的混称。

原文

丈夫国在维鸟北，其为人衣冠带剑。

译注

丈夫国在维鸟的北边，国中的人都穿衣戴帽腰佩宝剑。

原文

女丑之尸，生而十日炙杀之。在丈夫北。以右手鄣（通障）其面。十日居上，女丑居山之上。

《大荒西经》：有人衣青，以袂蔽面，名曰女丑之尸。

译注

女丑生前被十个太阳活活烤死。她的尸体在丈夫国北边。女丑尸右手遮住脸。十个太阳高高挂在女丑尸体上方的天空，女丑之尸就在山上。

据《大荒西经》记载，有人穿着青色衣服，用袖子遮住脸，名叫女丑尸。

原文

并封在巫咸东，其状如彘，前后皆有首，黑。

译注

并封在巫咸国的东面，样子像猪，前后都有头，全身黑色。

女子国人

原文

女子国在巫咸北，两女子居，水周之。一曰居一门中。

译注

女子国在巫咸国的北面，有两个女子住在这儿，那里四面环水。也有人说她们住在一个门中。

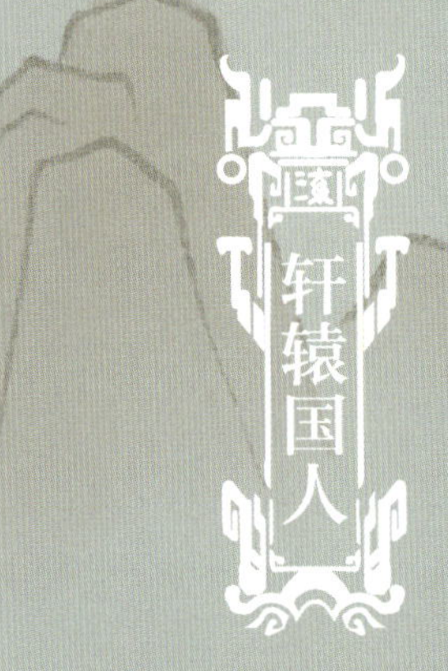

轩辕国人

原文

轩辕之国在穷山之际，其不寿者八百岁。在女子国北。人面蛇身，尾交首上。

译注

轩辕国在穷山的附近，这里的人就是寿命短的都可以活八百岁。轩辕国在女子国北边，他们长着人的脸和蛇的身子，尾巴盘绕在头顶上。

沃民

原文

诸沃之野，沃民是处。鸾鸟自歌，凤鸟自舞；凤皇卵，民食之；甘露，民饮之；所欲自从也。百兽相与群居。在四蛇北。其人两手操卵食之，两鸟居前导之。

译注

有个叫沃野的地方，沃民居住在这里。这里鸾鸟自由歌唱，凤鸟自在跳舞；居民们吃凤凰下的蛋，喝上天降下的甘露；凡是想得到的东西都能够得到。各种野兽在这里一起居住。沃野在四蛇北边。沃民双手捧着凤凰蛋吃，有两只鸟在身前引路。

龙鱼

原文

龙鱼陵居在其北，状如鲤。一曰鰕（音虾）。即有神圣乘此以行九野。

译注

既可水居也可陆居的龙鱼游荡在沃野的北面，样子似鲤鱼。还有说它的样子像娃娃鱼。常有圣人骑着它巡游于九州的原野。

原文

白民之国在龙鱼北，白身被发。

《大荒东经》：有白民之国。帝俊生帝鸿，帝鸿生白民，白民销姓，黍食，使四鸟：虎、豹、熊、罴。

译注

白民国位于龙鱼生活之地的北边，这里的人皮肤白皙，披头散发。

据《大荒东经》记载，有一个白民国，帝俊生了帝鸿，帝鸿生了白民，白民国的人都姓销，以黄米为食物，可以驯化驱使虎、豹、熊、罴四种野兽。

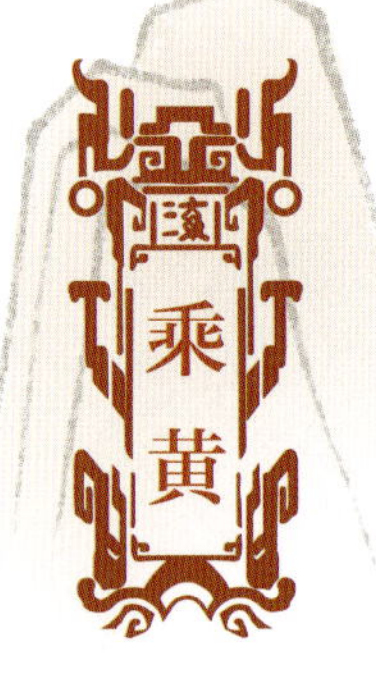

原文

有乘黄，其状如狐，其背上有角，乘之寿二千岁。

译注

白民国有种野兽叫乘黄，样子像狐狸，背上有角，骑上它之后可以活上两千年。

原文

肃慎之国在白民北，有树名曰雒棠，圣人代立，于此取衣。

译注

肃慎国在白民国北面，那里有一种树叫雒棠，这里的人平时不穿衣服，一旦有圣明的天子出现，雒棠树就会生长出一种树皮，人们则可用这种树皮制成衣服穿。

原文

长股之国在雒棠北，被发。一曰长脚。

译注

长股国在雒棠树的北边，国中的人都披散着头发。还有一种说法认为长股国也叫长脚国。

卷八
海外北经

原文

无启之国在长股东，为人无启。

译注

无启国在长股国东面，国中的人并不繁衍子孙后代。

烛阴

原文

钟山之神，名曰烛阴，视为昼，瞑为夜，吹为冬，呼为夏，不饮，不食，不息，息为风，身长千里。在无启之东。其为物，人面，蛇身，赤色，居钟山下。

《大荒北经》：西北海之外，赤水之北，有章尾山。有神，人面蛇身而赤，身长千里，直目正乘，其瞑乃晦，其视乃明，不食不寝不息，风雨是谒（通噎）。是烛九阴，是谓烛龙。

译注

烛阴是钟山之神，又名烛龙，睁开眼睛就是白天，闭上眼睛就是黑夜，一吹气便是冬天，一呼气就是夏天，不吃不喝不呼吸，一呼吸就成了风，身子足有一千里长。烛阴在无启国的东边。烛阴长着人的面孔，蛇的身子，通身赤红色，就住在钟山脚下。

据《大荒北经》记载，西北海海外，赤水的北边，有一座章尾山。有一个神，长着人的脸，蛇的身子，浑身红色，身长千里，眼睛竖着生长，眼睑是两条直缝，当他闭眼，世界就成为黑暗，但他睁眼，又变成白天。他不吃东西，不睡觉，不呼吸，只是吞咽风和雨。他能照亮九重泉壤的阴暗，所以叫作烛龙。

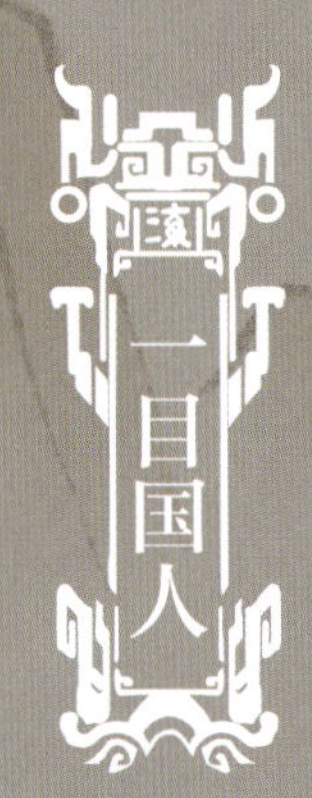

原文

一目国在其东，一目中其面而居。

译注

一目国在钟山的东边，国中的人长着一只眼睛，眼睛在脸的正中央。

原文

柔利国在一目东，为人一手一足，反膝，曲足居上。一云留利之国，人足反折。

译注

柔利国位于一目国东面。这里的人只有一只手和一只脚，膝盖长在后面，脚弯曲朝上。还有一种说法认为柔利国也叫留利国，这里人的脚是反折着的。

原文

共工之臣曰相柳氏，九首，以食于九山。相柳之所抵，厥（通撅）为泽溪。禹杀相柳，其血腥，不可以树五谷种。禹厥之，三仞三沮，乃以为众帝之台。在昆仑之北，柔利之东。相柳者，九首人面，蛇身而青。不敢北射，畏共工之台。台在其东。台四方，隅有一蛇，虎文，首冲南方。

《大荒北经》：共工臣名曰相繇，九首蛇身，自环，食于九土。其所欥（音巫）所尼，即为源泽，不辛乃苦，百兽莫能处。禹湮洪水，杀相繇，其血腥臭，不可生谷，其地多水，不可居也。禹湮之，三仞三沮，乃以为池，群帝因是以为台。在昆仑之北。

瀛
相柳氏

译注

共工的臣子叫相柳氏，有九个脑袋，同时吃九座山上的食物。相柳氏所经过的地方，都会被挖掘成沼泽和溪流。大禹杀死了相柳氏，相柳氏的血流过的地方土地会变得腥臭，不能再种植五谷。大禹只好挖掉这里的土再用别处的土来填塞，结果填三次就塌陷三次，大禹干脆把挖出的泥土为众帝修建了帝台。帝台在昆仑以北，柔利国东边。相柳长着九个脑袋，人的脸，蛇的身子，浑身青色。射箭的人不敢射向北方，原来是害怕共工台的威灵。台在相柳的东边，台是四方的，每一角都有一条蛇，有老虎的斑纹，蛇头朝向南方。

据《大荒北经》记载，共工的臣子相繇（也就是相柳），长着九个脑袋和蛇的身子，蟠旋自绕，吃九座山上的食物。凡是相繇呕吐或者栖息过的地方都会成为沼泽，气味不是辣就是苦，百兽都不能居住。大禹堵住洪水，杀死相繇，流出的血腥臭难闻，五谷不能在此生产，这里还多水灾，无法居住。大禹将这个地方填起来，三次填好，三次塌陷，于是干脆将此处挖成一个池子，当时的诸帝就利用池泥建造了几座台，台在昆仑山北边。

禹

深目国人

原文

深目国在其东，为人深目，举一手。一曰在共工台东。

《大荒北经》：有人方食鱼，名曰深目民之国，昒姓，食鱼。

译注

深目国在相柳氏的东边，这里的人眼睛深深陷到眼窝里，总举着一只手。还有一种说法认为深目国在共工台的东边。

据《大荒北经》记载，有人正要吃鱼，就是深目国人，姓昒，鱼是主要食物。

原文

无肠之国在深目东，其为人长而无肠。

《大荒北经》：又有无肠之国，是任姓。无继子，食鱼。

译注

无肠国在深目国东边，这里的人身材高大，肚子里没有肠子。

据《大荒北经》记载，无肠国人姓任，是无继国人的后代，鱼是主要食物。

原文

聂（通摄）耳之国在无肠国东，使两文虎，为人两手聂其耳。县（通悬）居海水中，及水所出入奇物。两虎在其东。

译注

聂耳国在无肠国的东面，那里的人能召唤两只花斑大老虎，人们耳朵奇长，垂至腰间，常用双手托着自己的大耳朵。聂耳国孤悬在海外的岛屿上，能看到所有出入海里的怪物。有两只老虎在聂耳国的东面。

原文

夸父与日逐走，入日。渴欲得饮，饮于河渭，河渭不足，北饮大泽。未至，道渴而死。弃其杖，化为邓林。

夸父国在聂耳东，其为人大，右手操青蛇，左手操黄蛇。邓林在其东，二树木。

《大荒北经》：有人珥两黄蛇，把两黄蛇，名曰夸父。后土生信，信生夸父。夸父不量力，欲追日景（通影），逮之于禺谷。将饮河而不足也，将走大泽，未至，死于此。应龙已杀蚩尤，又杀夸父，乃去南方处之，故南方多雨。

夸父

译注

夸父追逐太阳，走近太阳，口干想喝水，便去喝黄河和渭水的水，两条河都被喝干还不解渴，又要去喝北方大泽的水，还没走到就被渴死了。临死的时候，夸父抛掉手里的杖，于是变成了邓林。

夸父国在聂耳国东边，这里的人身材高大，右手拿着青蛇，左手拿着黄蛇。邓林在它的东边，两棵树就发展成一片树林。

据《大荒北经》记载，夸父耳朵上挂着两条黄蛇，手里还握着两条黄蛇。后土生了信，信生了夸父，夸父不自量力，追赶太阳的影子，想要在禺谷追上太阳。渴了就喝黄河和渭河的水，喝干了两条河的水，又要去喝北边大泽的水，还没到就死了。黄帝与蚩尤发生战争，应龙杀了蚩尤，又杀了夸父，用尽神力后无法返回天界，只能去南方居住，所以南方始终多雨。

夸父国人

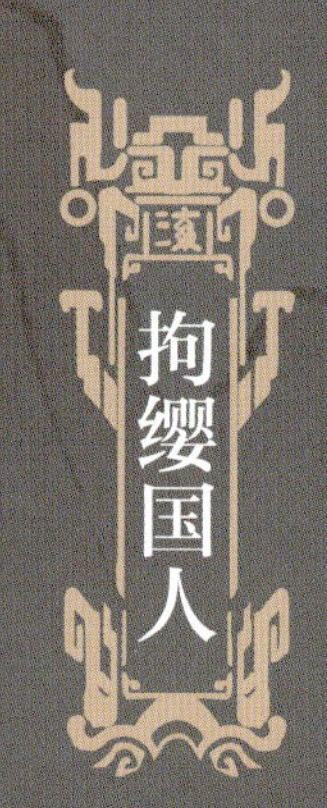

拘缨国人

原文

拘缨之国在其东，一手把缨。一曰利缨之国。

译注

拘缨国在它的东边，这里的人常用手拖着脖子上的肉瘤（缨或为瘿；瘿是脖颈上因细胞增生而形成的囊状赘生物，类似肉瘤）。有一种说法认为拘缨国又叫利缨国。

原文

跂踵国在拘缨东，其为人两足皆支。一曰反踵。

译注

跂踵国在拘瘿国东边，这里的人走路时脚后跟不着地。有一种说法认为跂踵国也叫反踵国，认为他们的脚是反着长的，走路时行进的方向和脚印的方向是相反的。

原文

欧丝之野在反踵东，一女子跪据树欧（通呕）丝。

译注

欧丝野在反踵国东边，那里有一个女子跪倚着桑树在吐丝（欧丝女是传说中的蚕神原型）。

原文

北海内有兽，其状如马，名曰騊駼（音淘涂）。有兽焉，其名曰駮，状如白马，锯牙，食虎豹。有素兽焉，状如马，名曰蛩蛩。有青兽焉，状如虎，名曰罗罗。

译注

北海内有一种野兽，样子像马，名叫騊駼。还有一种野兽，名叫驳，样子像白马，长着锯齿般的牙齿，吃老虎和豹子。还有一种白色的野兽，样子像马，名叫蛩蛩。还有一种青色的野兽，样子像老虎，名叫罗罗。

蛩蛩

罗罗

原文

北方禺彊（音强），人面鸟身，珥两青蛇，践两青蛇。

《大荒北经》：北海之渚中，有神，人面鸟身，珥两青蛇，践两赤蛇，名曰禺彊。

译注

北方的禺彊神，长着人的面孔和鸟的身子，耳朵上挂着两条青蛇，脚底还踩着两条青蛇。

据《大荒北经》记载，北海的海岛上有一个神，长着人脸和鸟的身子，耳朵上挂着两条青蛇，脚踩两条红蛇，名叫禺彊。

卷九
海外东经

原文

大人国在其北，为人大，坐而削（音稍）船。一曰在蹉（音接）丘北。

《大荒东经》：有波谷山者，有大人之国。有大人之市，名曰大人之堂。有一大人踆（通蹲）其上，张其两臂。

《大荒北经》：有大人之国，釐（通僖）姓，黍食。

译注

大人国在蹉丘的北边，这里的人身材高大，正坐在那儿划船。还有一种说认为大人国在蹉丘北边。

据《大荒东经》记载，大人国在波谷山。有大人做买卖的集市，集市就在那座叫大人堂的山上。有一个大人正蹲在山上，张开双臂。

据《大荒北经》记载，大人国人姓釐，吃黄米。

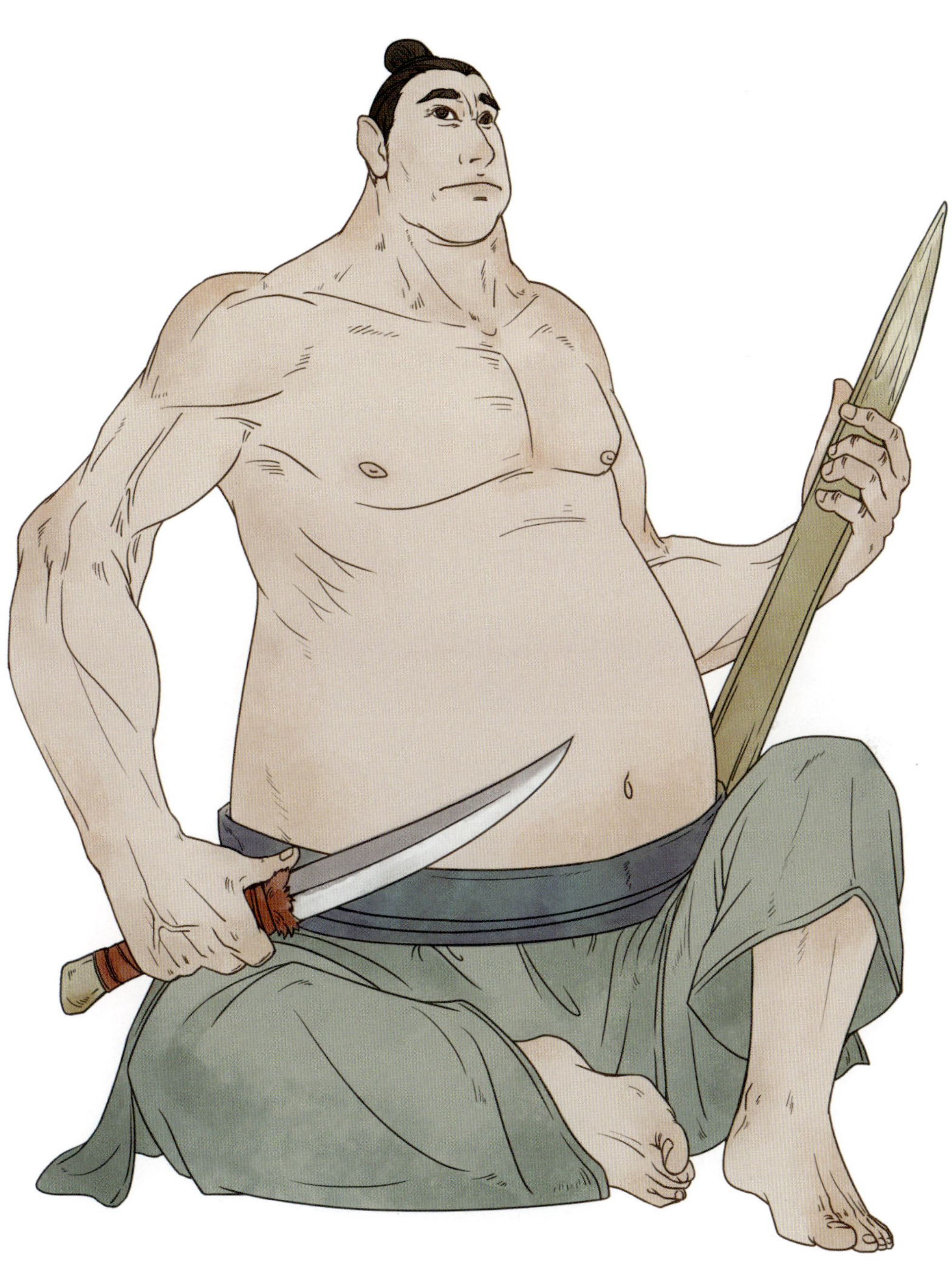

奢比之尸

原文

奢比之尸在其北，兽身、人面、大耳，珥两青蛇。一曰肝榆之尸在大人北。

《大荒东经》：有神，人面、大耳、兽身，珥两青蛇，名曰奢比尸。

译注

奢比尸在大人国北边，长着野兽的身子和人的面孔，耳朵很大，耳朵上挂着两条青蛇。

据《大荒东经》记载，奢比尸是一方神灵，长着人脸、大耳朵和野兽的身子，耳朵上挂着两条青蛇，名叫奢比尸。

君子国人

原文

君子国在其北，衣冠带剑，食兽，使二文虎在旁，其人好让不争。

《大荒东经》：有东口之山。有君子之国，其人衣冠带剑。

译注

君子国在奢比尸的北边，君子国人衣冠整齐，腰佩宝剑，吃野兽，身边有两只花斑老虎听候调遣，他们性格谦和不喜欢争斗。

据《大荒东经》记载，君子国在东口山，国民衣冠整齐，腰佩宝剑。

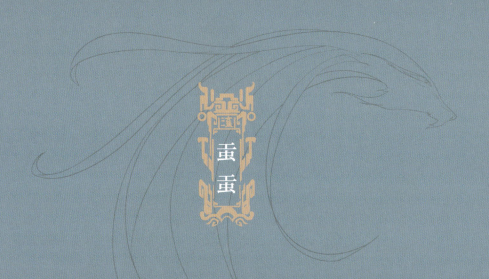

虿虿

原文

虿虿（音虹）在其北，各有两首。

译注

虿虿国在君子国北边，国中的人都长着两个脑袋。

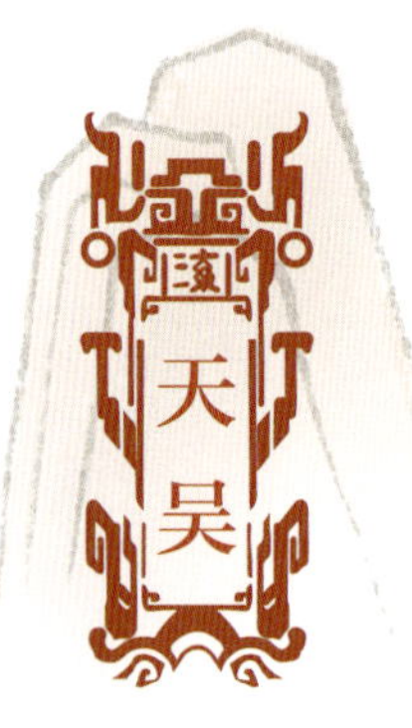

天吴

原文

朝阳之谷，神曰天吴，是为水伯。在蚕蚕北两水间。其为兽也，八首人面，八足八尾，背青黄。

《大荒东经》：有神人，八首人面，虎身十尾，名曰天吴。

译注

朝阳谷中有一个神名叫天吴，就是传说中的水伯。天吴住在蚕蚕北面两条河流的中间。天吴是野兽的身子，长着八个脑袋，每个脑袋上都长着人脸，还有八只脚和八条尾巴，背部呈青黄色。

据《大荒东经》记载，天吴神是长着八个脑袋，每个脑袋上都长着人脸，还有老虎的身子和十条尾巴。

原文

帝命竖亥步，自东极至于西极，五亿十选九千八百步。竖亥右手把算，左手指青丘北。一曰禹令竖亥。一曰五亿十万九千八百步。

译注

竖亥是一个很能走的古神。天帝派他用脚步测量大地的长度，竖亥从最东端走到最西端，一共是五亿十万九千八百步。竖亥右手拿着算筹，左手指着青丘国的北面。还有一种说法认为是大禹命令竖亥去测量大地的长度，测量结果是五亿十万九千八百步。

原文

黑齿国在其北，为人黑齿，食稻啖蛇，一赤一青，在其旁。一曰在竖亥北，为人黑齿，食稻使蛇，其一蛇赤。

《大荒东经》：有黑齿之国。帝俊生黑齿，姜姓，黍食，使四鸟。

译注

黑齿国在竖亥的北边，这里的人牙齿是黑色的，吃稻米也吃蛇，身边有一条红蛇和一条青蛇。还有一种说法认为黑齿国在竖亥的北边，那里的人牙齿是黑色的，吃稻米，能驱使蛇，驱使的蛇中有一条是红色的。

据《大荒东经》记载，黑齿国是帝俊的后代，黑齿国人姓姜，吃黄米，能驯化驱使四种野兽。

雨师妾

原文

雨师妾在其北，其为人黑，两手各操一蛇，左耳有青蛇，右耳有赤蛇。一曰在十日北，为人黑身人面，各操一龟。

译注

雨师妾国在汤谷的北面，国中人全身黑色，两只手各握着一条蛇，左边耳朵上挂有一条青蛇，右边耳朵挂有一条红蛇。还有一种说法认为雨师妾国在十个太阳所在地的北面，人们有着黑色身子和人的面孔，两只手各握着一只灵龟。

玄股国人

原文

玄股之国在其北，其为人股黑，衣鱼食鴎（音欧）。两鸟夹之。一曰在雨师妾北。

《大荒东经》：有国曰玄股，黍食，使四鸟。

译注

玄股国在雨师妾国的北面，国中人腿是黑色的，穿着鱼皮做的衣服，吃海鸥。有两只鸟在身旁听从驱使。还有一种说法认为玄股国在雨师妾国的北边。

据《大荒东经》记载，玄股国吃黄米，能驯化驱使四种野兽。

原文

毛民之国在其北，为人身生毛。一曰在玄股北。

《大荒北经》：有毛民之国，依姓，食黍，使四鸟。禹生均国，均国生役采，役采生修鞈（音革），修鞈杀绰人。帝念之，潜为之国，是此毛民。

译注

毛民国在玄股国的北边，国中的人都浑身长着长长的毛发。还有一种说法认为毛民国在玄股国的北边。

据《大荒北经》记载，毛民国人都姓依，吃黄米，能驯化驱使四种野兽（一般都是指虎豹熊罴）。大禹生了均国，均国生了役采，役采生了修鞈，修鞈杀了绰人。大禹哀悼绰人被杀，便暗中帮助绰人的后代重建国家，这就是毛民国。

劳民国人

原文

劳民国在其北，其为人黑，食草果实。有一鸟两头。或曰教民。一曰在毛民北，为人面目手足尽黑。

译注

劳民国在毛民国的北边，这里的人通身黑色，吃野草和草莓。这里还有一种长两个头的鸟。有一种说法认为劳民国也叫教民国。还有一种说法认为劳民国在毛民国北边，国中人的脸、眼皮和手脚都是黑色的。

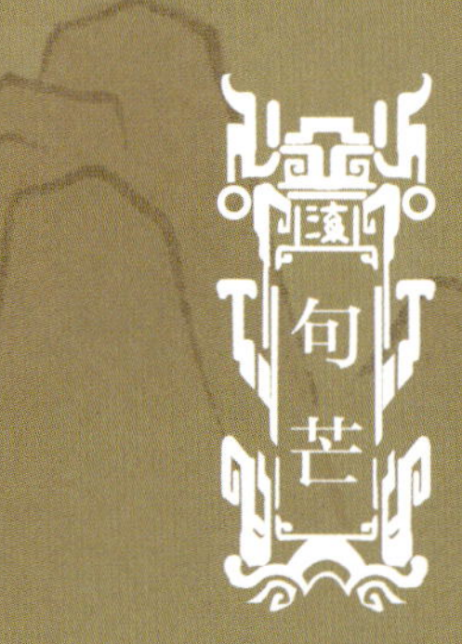

原文

东方句芒，鸟身人面，乘两龙。

译注

东方的句芒神，长着鸟的身子和人的脸，乘着两条龙。

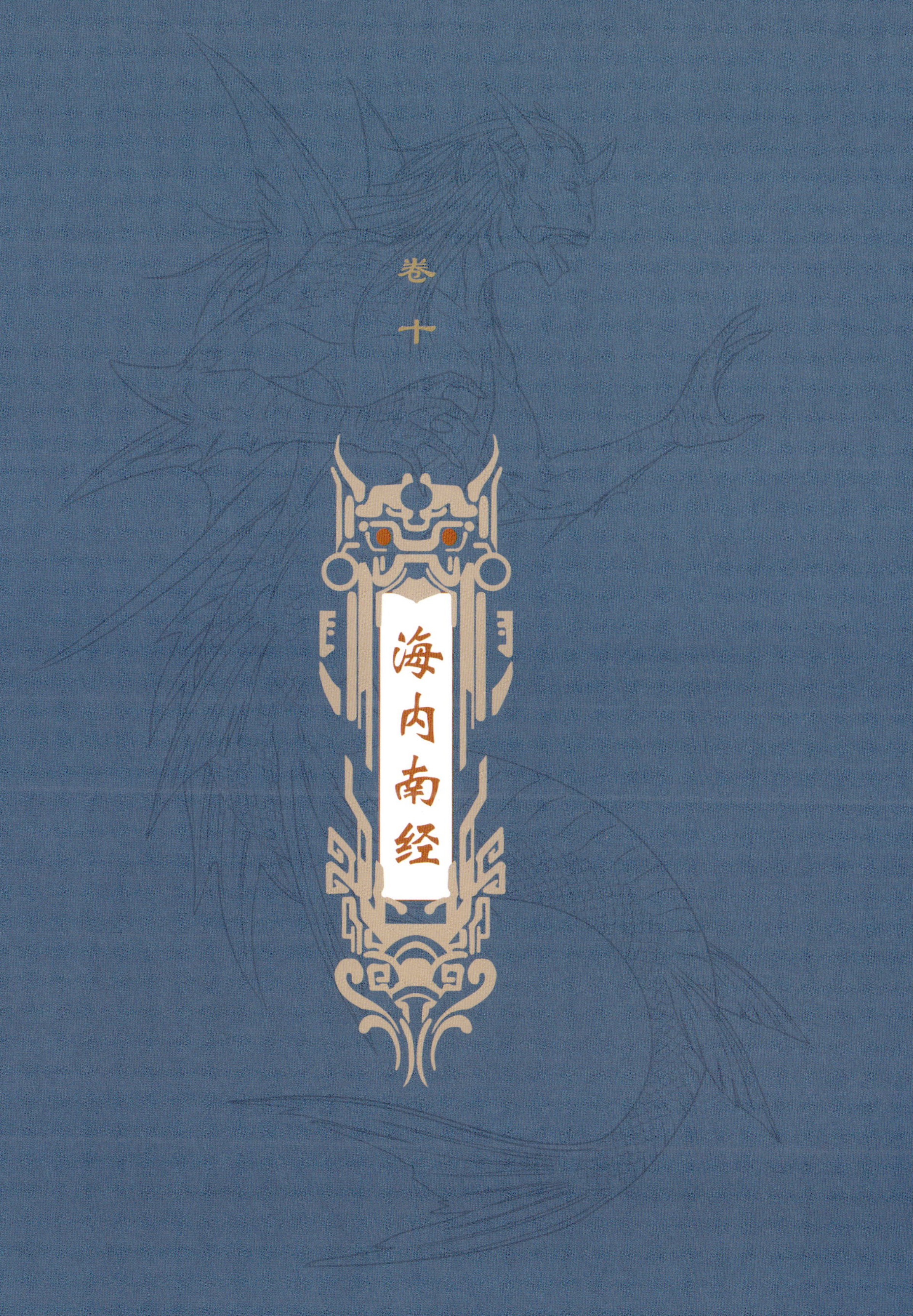
卷十
海内南经

原文

枭阳国在北朐之西，其为人人面长唇，黑身有毛，反踵，见人则笑，左手操管。

译注

枭阳国在北朐国西边，国中的人长着人脸，嘴唇很长，通身黑色，浑身长毛，脚跟在前脚尖在后，一看见人就笑，左手拿着一只竹筒。

原文

兕（音寺）在舜葬东，湘水南，其状如牛，苍黑，一角。

译注

兕在帝舜墓地的东边，在湘水的南边，样子像牛，全身青黑色，长着一只角。

原文

狌狌西北有犀牛，其状如牛而黑。

译注

犀牛在狌狌的西北边，样子像牛通身黑色。

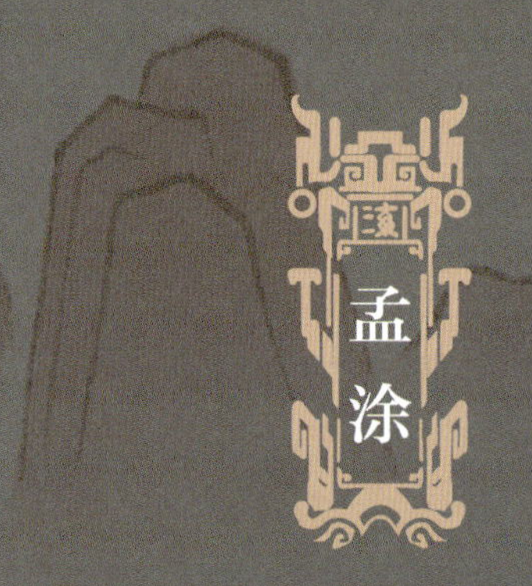

原文

夏后启之臣曰孟涂，是司神于巴，巴人讼于孟涂之所，其衣有血者乃执之，是请生。居山上，在丹山西。

译注

夏启的臣子叫孟涂，是主管巴地的神，巴地人去孟涂那里打官司，孟涂便把衣服上有血的人抓了起来，这样就不会冤枉好人，算是有好生之德。孟涂住在山上，在丹山的西边。

原文

氐（音底）人国在建木西，其为人人面而鱼身，无足。

译注

氐人国在建木的西面，国中的人长着人的面孔和鱼的身体，没有脚。氐人国是神话中的人鱼类，与“陵鱼”十分相像。

原文

巴蛇食象，三岁而出其骨，君子服之，无心腹之疾。其为蛇青黄赤黑。一曰黑蛇青首，在犀牛西。

《海内经》：又有朱卷之国。有黑蛇，青首，食象。

译注

巴蛇能吞下大象，三年后才吐出骨头，有德才的人吃了它，不会心痛和肚子痛。巴蛇的颜色是青色、黄色、红色和黑色混合在一起。还有一种说法认为巴蛇有黑色的身子和青色的脑袋，在犀牛所在地的西边。

据《海内经》记载，在朱卷国有一种黑蛇，青色的脑袋，能吃大象。

原文

旄马，其状如马，四节有毛，在巴蛇西北，高山南。

译注

旄马的样子似马，四条腿的关节处都长有长毛。旄马在巴蛇的西北面，一座高山的南面。

卷十一

海内西经

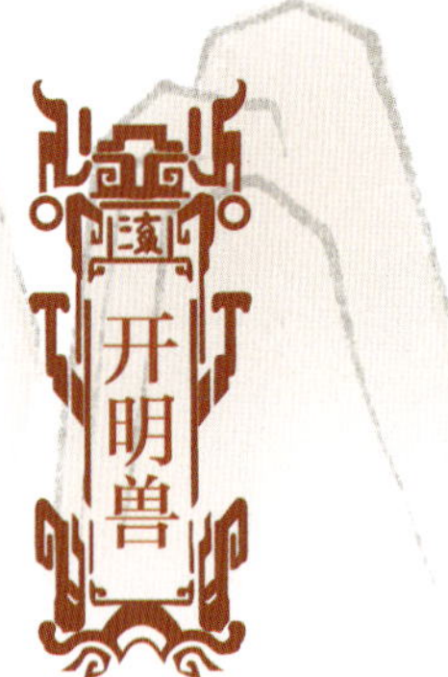

开明兽

原文

昆仑南渊深三百仞。开明兽身大类虎而九首，皆人面，东向立昆仑上。

译注

昆仑山南边的渊潭深三百仞。开明兽的身子跟老虎差不多，长着九个脑袋，每个脑袋上都有一张人脸，脸朝东站在昆仑山上（开明兽与陆吾十分相似）。

原文

开明东有巫彭、巫抵、巫阳、巫履、巫凡、巫相，夹窫窳之尸，皆操不死之药以距之。窫窳者，蛇身人面，贰负臣所杀也。

《海内经》：有窫窳，龙首，是食人。

译注

开明兽的东边有巫彭、巫抵、巫阳、巫履、巫凡、巫相，夹着窫窳的尸体，手里拿着不死药去救他。窫窳长着蛇的身子和人的脸，被贰负的臣子所杀。

据《海内经》记载，窫窳长着龙的脑袋，吃人。

原文

服常树，其上有三头人，伺琅玕树。

译注

服常树上有一个人长着三个脑袋，在那里观察着琅玕树的动静。

原文

开明南有树鸟，六首；蛟、蝮、蛇、蜼、豹、鸟秩树，于表池树木，诵鸟、鶽、视肉。

六首蛟

译注

开明兽的南边有树鸟，长着六个脑袋。还有蛟、蝮、蛇、蜼、豹，还有一些鸟秩树，环绕着一座池子生长，还有诵鸟、鶽、视肉。

《大荒西经》中有鸀鸟，六首，疑为树鸟；六首蛟为作者的另一种理解。

卷十二
海内北经

原文

贰负之臣曰危，危与贰负杀窫窳。帝乃梏之疏属之山，桎其右足，反缚两手，系之山上木。在开题西北。

译注

贰负的臣子名叫危，危和贰负一起杀了窫窳。天帝便把他锁在疏属山上，右脚戴上脚镣，反绑了他的两只手，拴在山头的大树下。那地方在开题国的西北方。

大行伯

原文

有人曰大行伯，把戈。其东有犬封国。贰负之尸在大行伯东。

译注

有个人名叫大行伯，手里拿着一把戈。他的东边有犬封国，贰负神的尸体在大行伯的东边。

原文

犬封国曰犬戎国，状如犬。

译注

犬封国又叫犬戎国，那里的人都是狗的模样。

吉量

原文

有文马，缟身朱鬣，目若黄金，名曰吉量，乘之寿千岁。

译注

犬封国里有文马，有白色的身子和红色的鬃毛，眼睛像黄金一样闪闪放光，名叫吉量，人骑上它能活一千岁。

鬼国人

原文

鬼国在贰负之尸北，为物人面而一目。

译注

鬼国在贰负神尸体的北边，国中人长着人的脸，只有一只眼睛。

原文

一曰贰负神在其东，为物人面蛇身。

译注

有一种说法认为贰负神在鬼国的东边，长着人的脸和蛇的身子。

原文

蜪（音陶）犬如犬，青，食人从首始。

译注

蜪犬的外形像狗，全身青色，吃人时喜欢从人的头开始吃起。

大蜂

原文

大蜂，其状如螽；朱蛾，其状如蛾。

朱蛾

译注

大蜂，样子像螽；朱蛾是红蚂蚁，样子像普通的蚂蚁。

原文

蟜（音桥），其为人虎文，胫有䏿。在穷奇东。一曰状如人，昆仑虚北所有。

译注

蟜长着人的身子，有着老虎一样的斑纹，小腿肚子异常发达，有强劲的肌肉。蟜在穷奇的东面。另一种说法认为蟜的样子像人，是昆仑虚北面所独有的。

原文

阘（音踏）非，人面而兽身，青色。

据比之尸，其为人折颈被发，无一手。

环狗，其为人兽首人身。一曰猬状如狗，黄色。

袜，其为物人身、黑首、从目。

戎，其为人人首三角。

译注

阘非长着人的脸野兽的身躯，全身皆是青色。

据比尸被折断了脖子，垂头散发，没了一只手。

环狗，长着野兽的脑袋和人的身子，半人半狗。另一种说法认为环狗长着刺猬的样子而又像狗，全身是黄色。

袜长着人的身子、黑色脑袋、竖立的眼睛（“袜”通“魅”，鬼魅、鬼怪的意思；“从”通“纵”，竖立的意思）。

戎长着人的头，头上有三只犄角。

阘非

据比之尸

环狗

袜

戎

驺吾

原文

林氏国有珍兽，大若虎，五采毕具，尾长于身，名曰驺吾，乘之日行千里。

译注

林氏国有一种十分珍奇的野兽，大小像老虎，身上有五彩斑斓的花纹，尾巴比身子要长，名叫驺吾，骑上它就能日行千里。

原文

从极之渊，深三百仞，维冰夷恒都焉。冰夷人面，乘两龙。

译注

从极渊有三百仞（每个朝代的标准不同，1仞可按约1.8米计算）深，只有冰夷住在这里。冰夷有人的面孔，骑着两条龙。

冰夷即冯（音平）夷，是河伯。

原文

舜妻登比氏生宵明、烛光，处河大泽，二女之灵能照此所方百里。一曰登北氏。

译注

舜的妻子登比氏，生了宵明和烛光两个女儿，居住在河水旁边的大泽中。两位神女的灵光能照耀方圆百里的地方。还有一种说法认为舜的妻子是登北氏。

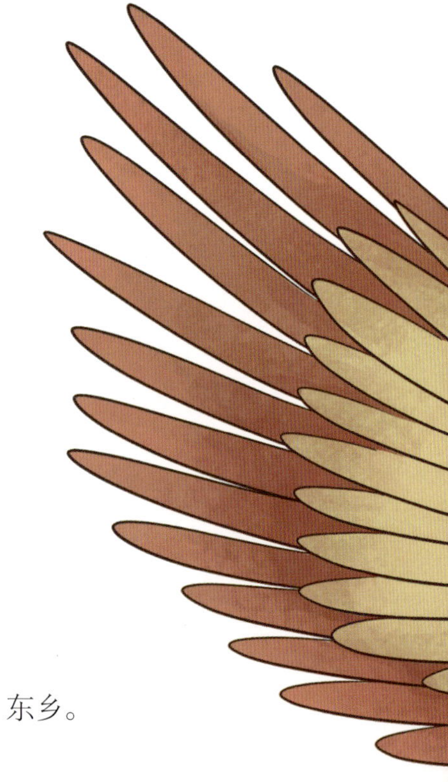

原文

孟鸟在貊（音末）国东北。其鸟文赤、黄、青，东乡。

译注

孟鸟生活在貊国的东北面，这种鸟的羽毛由红黄青三种颜色交错而成，孟鸟都是面朝东站着。

卷十三

海内东经

原文

大蟹在海中。

陵鱼人面，手足，鱼身，在海中。

大鯾居海中。

译注

大蟹生活在海中。

陵鱼长着人脸，有手有脚，还有鱼的身体，生活在海里。

大鯾居住在海中。

大蟹

陵鱼

大鯾

原文

雷泽中有雷神，龙身而人头，鼓其腹。在吴西。

译注

雷泽中有一位雷神，长着龙的身体和人的脑袋，只要鼓动他的肚子便会响起雷声。雷泽在吴地的西边。

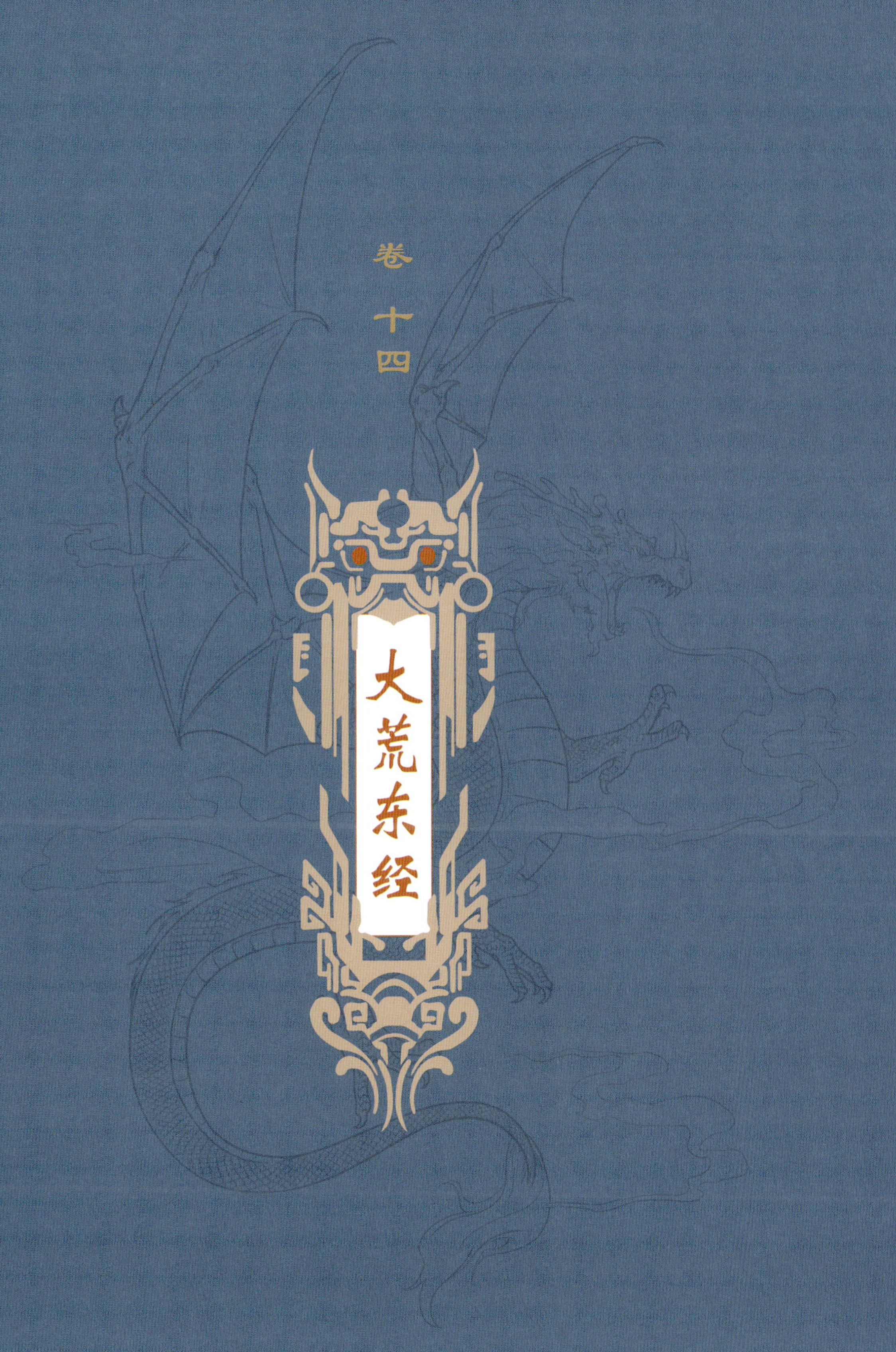

卷十四

大荒东经

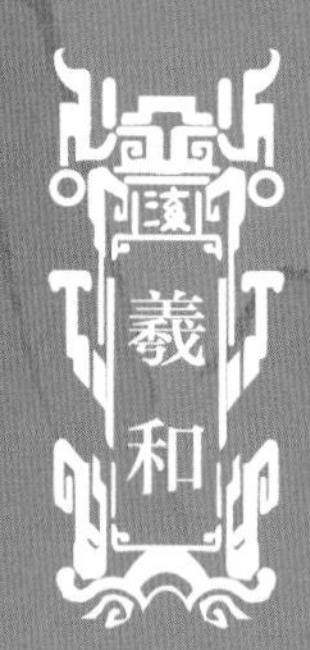

羲和

原文

东南海之外，甘水之间，有羲和之国，有女子名曰羲和，方浴日于甘渊。羲和者，帝俊之妻，是生十日。

译注

在东南海之外，甘水之间，有个羲和国，其中有个叫羲和的女子，正在甘渊中给太阳洗澡。羲和是帝俊的妻子，生了十个太阳。

原文

有小人国，名靖人。

译注

小人国的国民被称作靖人。

“靖”在古代是细小的意思。

犁䰠之尸

原文

有神，人面兽身，名曰犁䰠（音灵）之尸。

译注

有一个神，长着人脸和野兽的身子，名叫犁䰠之尸。

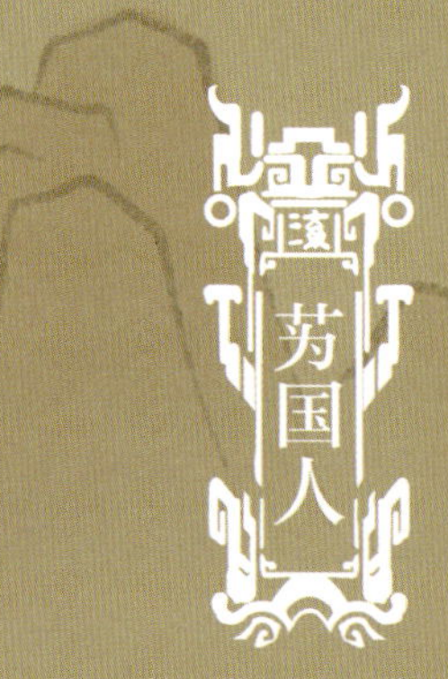

原文

有蒍（音伟）国，黍食，使四鸟：虎、豹、熊、罴。

译注

有蒍国，那里的人以黍为食，可以驱使虎、豹、熊、罴四种野兽。

中容国人

原文

有中容之国。帝俊生中容，中容人食兽、木实，使四鸟：豹、虎、熊、罴。

译注

有个中容国。帝俊生了中容，中容人吃野兽和树木的果实，可以驱使豹、虎、熊、罴四种野兽。

司幽国人

原文

有司幽之国。帝俊生晏龙，晏龙生司幽，司幽生思士，不妻；思女，不夫。食黍，食兽，是使四鸟。

译注

有个司幽国。帝俊生了晏龙，晏龙生了司幽，司幽生了思士，不娶妻子；生了思女，不嫁丈夫。这里的人以黍为食，也吃野兽，可以驱使四种野兽。

原文

有柔仆民，是唯嬴土之国。

译注

有柔仆民，他们的国家土地肥沃丰饶。

折丹

原文

大荒之中，有山名曰鞠陵于天、东极、离瞀（音冒），日月所出。有神名曰折丹——东方曰折，来风曰俊——处东极以出入风。

译注

在大荒之中，有鞠陵于天山、东极山和离瞀山三座山，太阳和月亮从这里升起。有个神名叫折丹——东方人称他为折，从东方吹来的风叫俊——折丹就住在大地的最东边，主管风起风停。

原文

东海之渚中，有神，人面鸟身，珥两黄蛇，践两黄蛇，名曰禺虢。黄帝生禺虢，禺虢生禺京。禺京处北海，禺虢处东海，是惟海神。

译注

在东海的岛屿上有一个神，长着人脸和鸟的身子，耳朵上挂着两条黄蛇，脚底下踩着两条黄蛇，名叫禺虢。黄帝生了禺虢，禺虢生了禺京。禺京住在北海，禺虢住在东海，都是海神。

原文

有人曰王亥，两手操鸟，方食其头。王亥托于有易、河伯仆牛。有易杀王亥，取仆牛。河伯念有易，有易潜出，为国于兽，方食之，名曰摇民。帝舜生戏，戏生摇民。

译注

有个人叫王亥，他用两手抓着一只鸟，正在吃鸟的头。王亥是殷国的国君，曾把一群肥壮的牛羊托付给有易族的君主和河伯。有易族的君主绵臣杀了王亥，没收了他的牛羊。殷国的新君主上甲微为了给王亥报仇，毁了有易族的大部分部落。河伯同情有易族，便暗中帮助有易族的人逃跑，在野兽中间建立了一个国家，他们正在吃抓到的野兽，这个国家叫摇民国。还有一种说法认为，帝舜生了戏，戏又生了摇民。

王亥

绵臣

摇民国人

五采鸟

原文

有五采之鸟，相乡弃沙。惟帝俊下友。帝下两坛，采鸟是司。

译注

五采鸟属鸾鸟、凤凰类。有一群身上长着五彩羽毛的鸟，相对起舞，帝俊从天上下来和它们交友。帝俊在下届有两座祭坛就是由这群五采鸟掌管。

弃沙的字义不详，或是媻娑（婆娑）之讹误，盘旋而舞之貌。

原文

有女和月母之国。有人名曰鵷（音晚）——北方曰鵷，来风曰狻（音演）——是处东极隅以止日月，使无相间出没，司其短长。

译注

有个国家叫女和月母国。有一个神叫鵷——北方人称作鵷，从那里吹来的风称作狻——他就住在大地的东北角以便控制太阳和月亮，让它们不要错乱地出没，并掌握它们在天上运行时间的长短。

原文

大荒东北隅中，有山名曰凶犁土丘。应龙处南极，杀蚩尤与夸父，不得复上，故下数旱。旱而为应龙之状，乃得大雨。

译注

大荒的东北角，有一座山名叫凶犁土丘。应龙居住在这座山的南边，在黄帝与蚩尤的战争中，应龙帮助黄帝杀死蚩尤，又杀了夸父，用尽了神力，上不了天，所以下界常闹旱灾。人们装扮成应龙的模样来求雨，于是便求来了大雨。

原文

东海中有流波山，入海七千里。其上有兽，状如牛，苍身而无角，一足，出入水则必风雨，其光如日月，其声如雷，其名曰夔。黄帝得之，以其皮为鼓，橛以雷兽之骨，声闻五百里，以威天下。

译注

东海当中有一座流波山，这座山在深入东海七千里的地方。山上有一种野兽，样子像牛，青色的身子，头上没有犄角，只有一条腿，出入海水时一定伴随着大风大雨，它身上发出的光芒就像太阳和月亮，它的吼叫声如同雷鸣，这野兽名叫夔。黄帝得到了它，便用它的皮来蒙鼓，再用雷兽（即雷神）的骨头做成鼓槌来敲鼓，发出的声响，方圆五百里以内的人都能听见，黄帝便用它来威服天下。

卷十五

大荒南经

原文

南海之外，赤水之西，流沙之东，有兽，左右有首，名曰跊（音触）踼。有三青兽相并，名曰双双。

译注

南海以外，赤水的西边，流沙以东，有一种野兽，左右各长着一个脑袋，名叫跊踢。还有三只青色的野兽合在一起，名叫双双。

黄鸟玄蛇

原文

有荣山，荣水出焉。黑水之南，有玄蛇，食麈。

有巫山者，西有黄鸟。帝药，八斋。黄鸟于巫山，司此玄蛇。

译注

有一座荣山，荣水从这里发源。黑水的南边，有一条黑蛇正在吞食鹿类动物。

有一座巫山，在山的西边有一只黄鸟。天帝的仙药共有八所，都藏在这座山上。黄鸟便在巫山上昼夜伺察那条大黑蛇，以防仙药被偷吃。

原文

有卵民之国，其民皆生卵。

译注

有个卵民国，人们通过卵生繁殖。

盈民国人

原文

有盈民之国，於姓，黍食。又有人方食木叶。

译注

有个盈民国，姓於，吃黍物。又有人正在吃树叶。

原文

南海渚中，有神，人面，珥两青蛇，践两赤蛇，曰不廷胡余。

译注

在南海的岛屿有一个神，长着人脸，耳朵上挂着两条青蛇，脚底下踩着两条红蛇，名叫不廷胡余。

原文

有神名曰因因乎——南方曰因乎，来风曰乎民——处南极以出入风。

译注

有个神名叫因因乎——南方人单称他为因乎，从南方吹来的风称作乎民——他处在大地的最南端主管风起风停。

原文

有人食兽，曰季厘。帝俊生季厘，故曰季厘之国。

译注

有人在吞食野兽肉，名叫季厘。帝俊生了季厘，所以称作季厘国。

原文

少昊生倍伐，倍伐降处缗渊。有水四方，名曰俊坛。

译注

少昊生了倍伐，倍伐被贬到下界住在缗渊。有个四方形的水池，名叫俊坛。

原文

有蜮（音玉）山者，有蜮民之国，桑姓，食黍，射蜮是食。有人方扜（音淤）弓射黄蛇，名曰蜮人。

译注

有座蜮山，蜮山附近有一个蜮民国，这里的人都姓桑，以黍为食，也把蜮（能含沙射人的一种动物，被射中则病死）作为食物。有人正在拉弓射黄蛇，名叫蜮人。

祖状之尸

原文

有人方齿虎尾，名曰祖状之尸。

译注

有人长着方形的牙齿和老虎的尾巴，名叫祖状尸。

原文

有国曰伯服。颛顼（音专虚）生伯服，食黍。

译注

有个国家叫伯服。颛顼生了伯服，伯服吃黍物。

原文

有人名曰张弘，在海上捕鱼。海中有张弘之国，食鱼，使四鸟。

译注

有个人名叫张弘，在海上捕鱼。海中便有了张弘国，吃鱼为生，可以驱使四种野兽。张弘即为长肱，长臂的意思。

菌人

原文

有小人，名曰菌人。

译注

有一种小人，名叫菌人。

靖人和菌人都是同一类人，侏儒一词的转声。

卷十六
大荒西经

注释

伏羲是上古传说中的始祖神，人首蛇身，发明创造了八卦、文字和琴瑟等。《山海经》中并未提及伏羲。

兑
乾
坤
坎

女娲

注释

女娲是上古传说中的创世神，人首蛇身，以黄泥造人，创造人类社会并建立婚姻制度。《山海经》中并未提及女娲。

女娲之肠

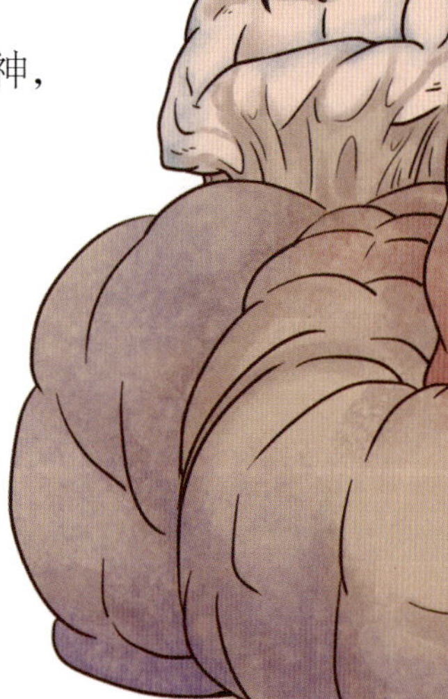

原文

有神十人，名曰女娲之肠，化为神，处栗广之野，横道而处。

译注

有十个神人，名叫女娲之肠，是女娲的肠子变化而成的，在栗广的原野上，他们横在道路上居住。

石夷

原文

有人名曰石夷，西方曰夷，来风曰韦，处西北隅以司日月之长短。

译注

有个人名叫石夷，西方叫夷，从那里吹来的风叫韦，石夷就处在大地的西北角，掌管着太阳和月亮升起落下时间的长短，也就是白昼和黑夜的长短。

狂鸟

原文

有五采之鸟，有冠，名曰狂鸟。

译注

有一种长着五彩羽毛的鸟，头上有冠，名叫狂鸟。

原文

有西周之国，姬姓，食谷。有人方耕，名曰叔均。帝俊生后稷，稷降以百谷。稷之弟曰台玺，生叔均。叔均是代其父及稷播百谷，始作耕。

《大荒北经》：叔均言之帝，后置之赤水之北。叔均乃为田祖。

《海内经》：后稷是播百谷。稷之孙曰叔均，是始作牛耕。

译注

有个西周国，姓姬，吃五谷。有个人在耕田，名叫叔均。帝俊生了后稷，后稷把百谷的种子带到凡间。后稷的弟弟名叫台玺，生了叔均。叔均代替他的父亲和后稷播种百谷，并发明了耕田犁地的方法。

据《大荒北经》记载，叔均向黄帝建议，把魃安置在赤水北边。旱灾解除，叔均便成了田神。

据《海内经》记载，后稷播种百谷，后稷的孙子名叫叔均，叔均发明了用牛耕地。

原文

有北狄之国。黄帝之孙曰始均，始均生北狄。

译注

有个北狄国。黄帝的孙子叫始均，始均的后代子孙就是北狄国人。

原文

有榣山，其上有人，号曰太子长琴。颛顼生老童，老童生祝融，祝融生太子长琴，是处榣山，始作乐风。

译注

有一座榣山，山上有一个人，名叫太子长琴。颛顼生了老童，老童生了祝融，祝融生了太子长琴，便住在榣山，创作乐曲。

原文

有虫状如菟，胸以后者裸不见，青如猨状。

译注

有一种野兽，外形像兔子，胸脯以后部分裸露着没有毛发，全身为青色，如猿猴一样。

原文

有灵山，巫咸、巫即、巫肦、巫彭、巫姑、巫真、巫礼、巫抵、巫谢、巫罗十巫，从此升降，百药爰在。

《海外西经》：巫咸国在女丑北，右手操青蛇，左手操赤蛇。在登葆山，群巫所从上下也。

《海内西经》：开明东有巫彭、巫抵、巫阳、巫履、巫凡、巫相，夹窫窳之尸，皆操不死之药以距之。

译注

有一座灵山，巫咸、巫即、巫朌、巫彭、巫姑、巫真、巫礼、巫抵、巫谢、巫罗十个巫师，从这里上天下地，各种药物也都生长在这里。

据《海外西经》记载，巫咸国在女丑的北边，巫咸国人右手拿着青蛇，左手拿着红蛇。在登葆山，这群巫师从这里上天下地。

据《海内西经》记载，开明兽的东边有巫彭、巫抵、巫阳、巫履、巫凡、巫相，夹着窫窳的尸体，手里拿着不死药去救他。

巫咸

巫即

巫盼

巫彭

巫姑

巫真

巫礼

巫抵

巫谢

巫罗

原文

有弇（音眼）州之山，五采之鸟仰天，名曰鸣鸟。爰有百乐歌儛之风。

译注

有座弇州山，山中有一种长着五彩羽毛的鸟，正仰头向天长鸣，名叫鸣鸟。因此这里也盛行各种乐曲和歌舞。

原文

西海陼中，有神，人面鸟身，珥两青蛇，践两赤蛇，名曰弇兹。

译注

在西海的岛屿上有一个神，长着人的面孔鸟的身子，耳朵上挂着两条青蛇，脚底下踩踏着两条红蛇，名叫弇兹。

原文

大荒之中，有山名曰日月山，天枢也。吴姖天门，日月所入。有神，人面无臂，两足反属于头上，名曰嘘。

译注

大荒当中，有座日月山，是天的枢纽。这座山的主峰叫吴姖天门山，是太阳和月亮降落的地方。有一个神，长着一张人脸而没有胳膊，两只脚反转着连在头上，这个神名叫嘘。

重黎

原文

颛顼生老童，老童生重及黎，帝令重献上天，令黎印下地。

译注

颛顼生了老童，老童生了重和黎，颛顼为了断绝天地间的通路，命令重两手托着天，命令黎两手撑着地。

原文

下地是生噎，处于西极，以行日月星辰之行次。

有人反臂，名曰天虞。

译注

黎来到地下生了噎，噎就住在大地的最西端，主管太阳、月亮和星辰运行的次序。

有人反长着臂膀，名叫天虞。

常羲

原文

有女子方浴月。帝俊妻常羲，生月十有二，此始浴之。

译注

有个女子正在洗月亮。帝俊的妻子常羲生了十二个月亮，并开始给月亮洗澡。

据《大荒东经》记载，有个叫羲和的女子，也是帝俊的妻子，生了十个太阳，给太阳洗澡。

原文

有玄丹之山。有五色之鸟，人面有发。爰有青鸾（音文）、黄鷔（音敖），青鸟、黄鸟，其所集者其国亡。

译注

玄丹山中一种长有五彩羽毛的小鸟，有人的面孔且生有头发。于是出现了青鸾、黄鷔，也就是青鸟、黄鸟这类鸟，它们聚集在一起的地方，国家就会灭亡。

原文

有兽，左右有首，名曰屏蓬。

有白鸟，青翼、黄尾、玄喙。

译注

有一种野兽，左右各长着一个脑袋，名叫屏蓬。

有白鸟，长着青色的翅膀、黄色的尾巴、黑色的嘴。

原文

有赤犬，名曰天犬，其所下者有兵。

译注

有一种红色的狗，名叫天犬，出现时预示着将会发生战争。

昆仑神

原文

西海之南，流沙之滨，赤水之后，黑水之前，有大山，名曰昆仑之丘。有神，人面虎身，文尾，皆白，处之。

译注

西海的南边，流沙的边缘，赤水的后面，黑水的前边，有一座大山，名叫昆仑山。有一个神，长着人的脸和老虎的身子，花尾巴，尾巴上有很多白色斑点，居住在这里。

寿麻

原文

有寿麻之国。南岳娶州山女，名曰女虔。女虔生季格，季格生寿麻。寿麻正立无景（通影），疾呼无响。爰有大暑，不可以往。

译注

有个寿麻国。南岳娶了州山的女儿，名叫女虔。女虔生了季格，季格生了寿麻。寿麻直立站在太阳底下没有影子，大声呼喊而没有回声。这个国家很热，不要去那里。

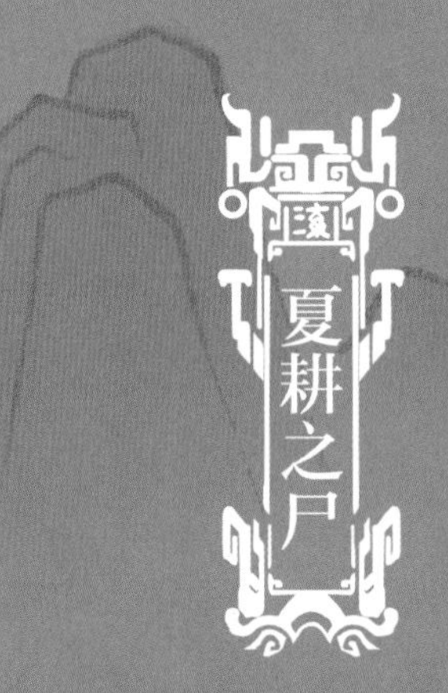

原文

有人无首，操戈盾立，名曰夏耕之尸。故成汤伐夏桀于章山，克之，斩耕厥前。耕既立，无首，走厥咎，乃降于巫山。

译注

有个人没有头颅，拿着一把戈和一面盾牌站立，名叫夏耕尸。过去成汤在章山讨伐夏桀，打败了夏桀，把夏耕斩杀在他的面前。夏耕站立起来以后发现自己没了脑袋，为逃避战败的罪责，于是就跑到了巫山。

原文

有人名曰吴回，奇左，是无右臂。

译注

有人名叫吴回，只有左胳臂没有右胳臂。

原文

大荒之中，有山，名曰大荒之山，日月所入。有人焉三面，是颛顼之子，三面一臂，三面之人不死。

译注

大荒之中，有座大荒山，是太阳和月亮进去的地方。有一种三面人，是颛顼的后代，这种人一个脑袋上长着三张面孔，还有一只胳膊，三面人永远不死。

原文

有氐人之国。炎帝之孙名曰灵恝（音颊），灵恝生氐人，是能上下于天。

译注

有个氐人国。炎帝的孙子名叫灵恝，灵恝生了氐人，氐人能在天界和人间自由来往。

原文

有鱼偏枯，名曰鱼妇。颛顼死即复苏。风道北来，天及大水泉，蛇乃化为鱼，是为鱼妇。颛顼死即复苏。

译注

有一种鱼，身子半边是干枯的，名叫鱼妇，据说是颛顼死而复苏后变成的。风从北方吹来，泉水都被风从地下吹了出来，蛇在此时变成鱼，颛顼趁这个时机把生命寄托在鱼里，死而复生。这就是鱼妇的由来。

原文

有青鸟，身黄，赤足，六首，名曰鸀（音触）鸟。

译注

有一种青鸟，身体呈黄色，爪子为红色，长有六个脑袋，名叫鸀鸟。

卷十七

大荒北经

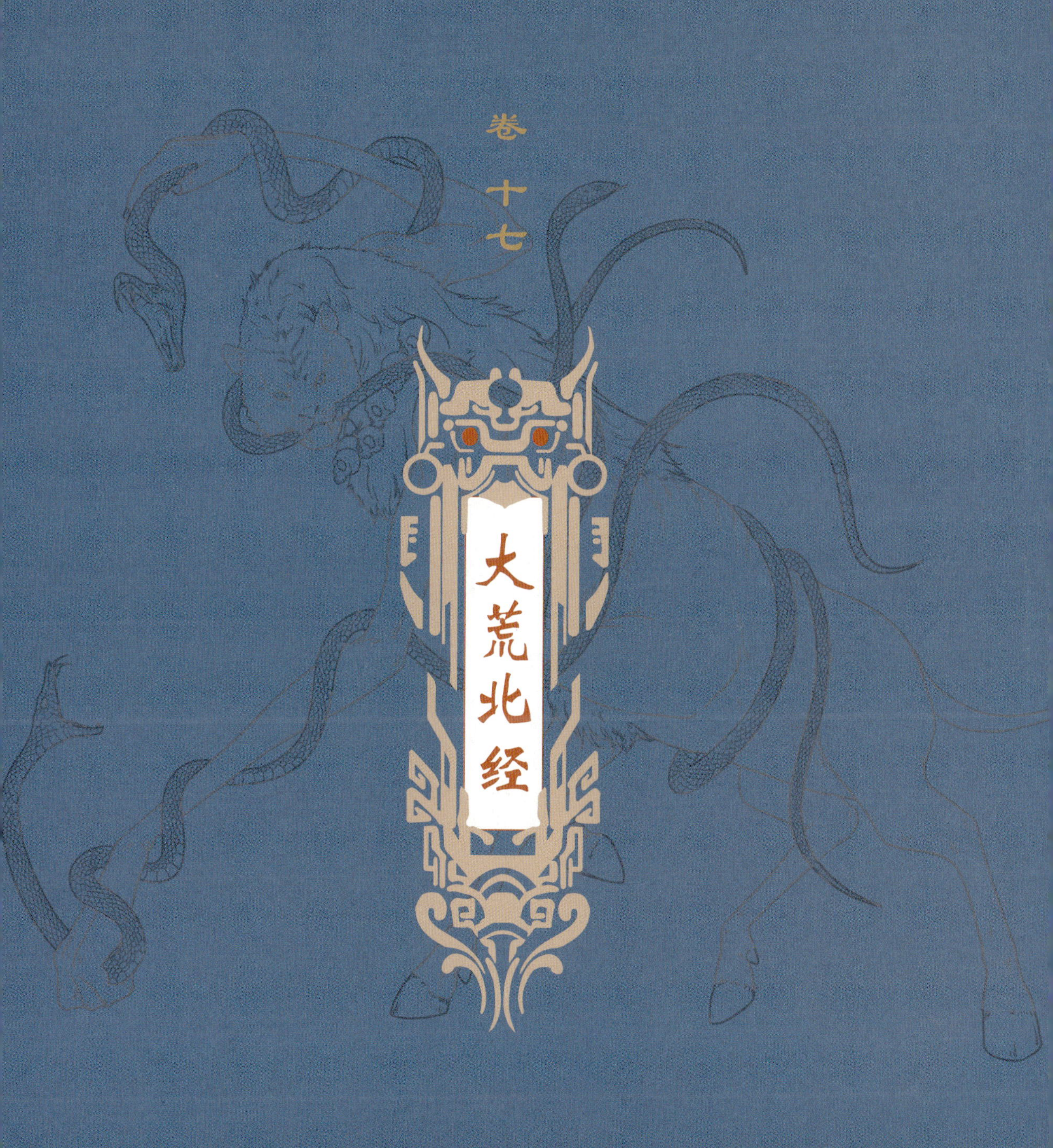

胡不与国人

原文

有胡不与之国，烈姓，黍食。

译注

有个胡不与国，那里的人姓烈，吃黍物。

原文

大荒之中，有山名曰不咸，有肃慎氏之国。有蜚蛭（音翡至），四翼。有虫，兽首蛇身，名曰琴虫。

译注

大荒当中，有座山叫不咸山，有个肃慎氏国。有一种会飞的蜚蛭，长有四只翅膀。有一种虫，长着野兽的脑袋蛇的身子，名叫琴虫。

原文

有大青蛇，黄头，食麈（音主）。

译注

有一种大青蛇，黄色的头，吃鹿一类的动物。

原文

有叔歜（音触）国，颛顼之子，黍食，使四鸟：虎、豹、熊、罴。

译注

有个叔歜国，是颛顼的后人，吃黍物，可以驱使虎、豹、熊、罴四种野兽。

原文

有黑虫如熊状，名曰猎猎。

译注

有一种长相和熊相似的黑色野兽，名叫猎猎。

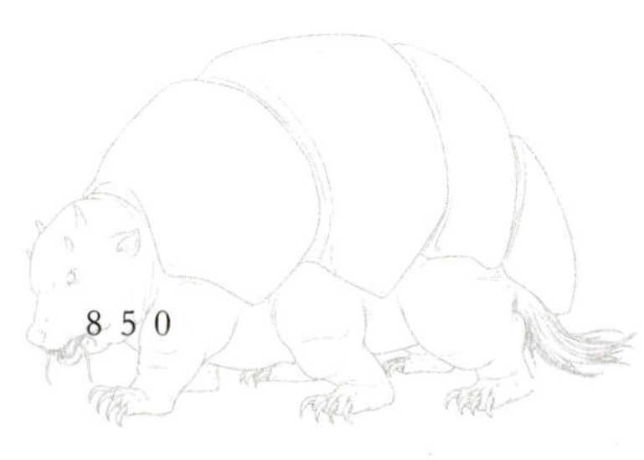

儋耳国人

原文

有儋（音丹）耳之国，任姓，禺号子，食谷。

译注

有个儋耳国（即大耳国），那里的人姓任，是禺号的后代，以谷物为食。

原文

大荒之中，有山名曰北极天柜，海水北注焉。有神，九首人面鸟身，名曰九凤。

译注

大荒之中，有座山名叫北极天柜山，海水从北边流入这里。有一个神，长着九个脑袋，有人的面孔和鸟的身子，名叫九凤。

原文

又有神，衔蛇操蛇，其状虎首人身，四蹄长肘，名曰强良。

译注

还有一个神，嘴里叼着蛇，手中拿着蛇，长着老虎的脑袋和人的身子，有四只蹄子，手肘很长，名叫强良。

原文

有系昆之山者，有共工之台，射者不敢北乡。有人衣青衣，名曰黄帝女魃（音拔）。蚩尤作兵伐黄帝，黄帝乃令应龙攻之冀州之野。应龙畜水，蚩尤请风伯雨师，纵大风雨。黄帝乃下天女曰魃，雨止，遂杀蚩尤。魃不得复上，所居不雨。叔均言之帝，后置之赤水之北。叔均乃为田祖。魃时亡之，所欲逐之者，令曰:“神北行！”先除水道，决通沟渎。

译注

有一座系昆山，上面有共工台，共工台在北边，因此射箭的人不敢向北射。有人穿着青色的衣服，名叫黄帝女魃。蚩尤做了各种兵器去讨伐黄帝，黄帝派遣应龙去冀州的原野迎战蚩尤。应龙积蓄了大量的水，蚩尤请来了风伯和雨师，制造一场大风雨。黄帝便降下天女名叫魃（又称旱魃），止住了大风雨，于是蚩尤被杀。魃用尽了神力，不能上天，所在的地方一点雨都没有。叔均向黄帝建议，把魃安置在赤水北边。旱灾解除，叔均便成了田神。魃并不安分，总想逃亡，所到之处便会发生旱灾，于是便要驱逐魃，便祷告：神啊，请回到北方去吧。祷告前要清理水道，疏通沟渠。

女魃

风伯

雨师

赤水女子魃

原文

有钟山者。有女子衣青衣，名曰赤水女子魃。

译注

有一座钟山。有一个穿青衣的女子，名叫赤水女子魃（可能就是黄帝女魃）。

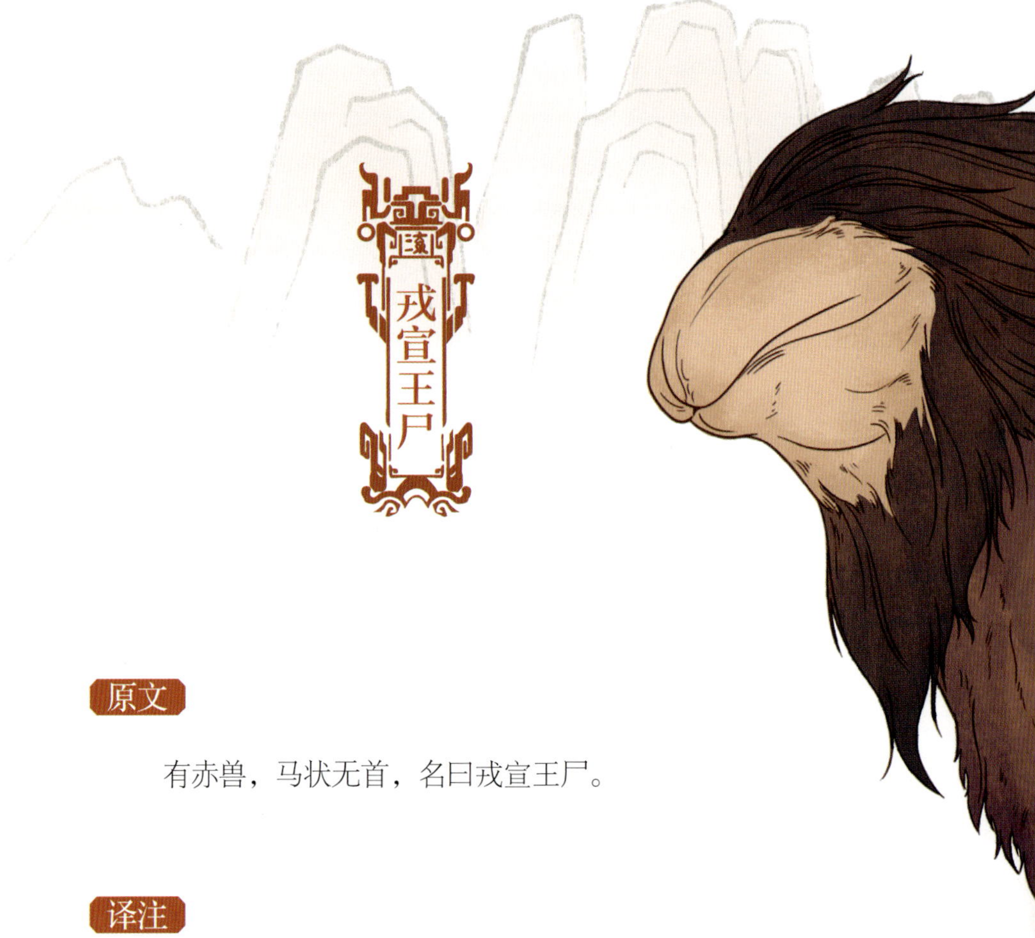

原文

有赤兽，马状无首，名曰戎宣王尸。

译注

有一种红色的野兽，外形像马没有脑袋，名叫戎宣王尸。

原文

有人一目，当面中生。一曰是威姓，少昊之子，食黍。

《海外北经》：一目国在其东，一目中其面而居。

译注

有人长着一只眼睛，这只眼睛长在脸的正当中。一种说法认为他们姓威，是少昊的后代，以黍为食。

据《海外北经》记载，一目国在烛阴的东边，这里的人脸的中央长着一只眼睛。

原文

有无继民，无继民任姓，无骨子，食气、鱼。

译注

有种人叫无继民，姓任，是无骨民的子孙后代，只吃空气和鱼类来存活。

犬戎

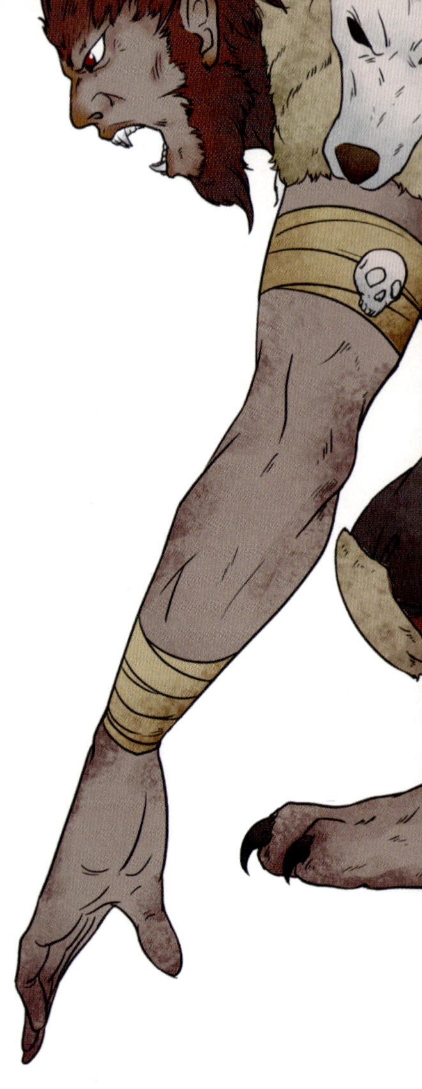

原文

有人，人面兽身，名曰犬戎。

译注

有一种人，长着人的脸和野兽的身子，名叫犬戎。

原文

西北海外，黑水之北，有人有翼，名曰苗民。颛顼生驩头，驩头生苗民，苗民釐姓，食肉。

译注

在西北方的海外，黑水的北边，有一种长着翅膀的人，名叫苗民。颛顼生了驩头，驩头生了苗民，苗民姓釐，吃肉为生。

原文

有牛黎之国。有人无骨，儋耳之子。

译注

有个牛黎国（牛黎国即柔利国），国中的人身上没有骨头，浑身软绵绵的，是儋耳国人的后代。

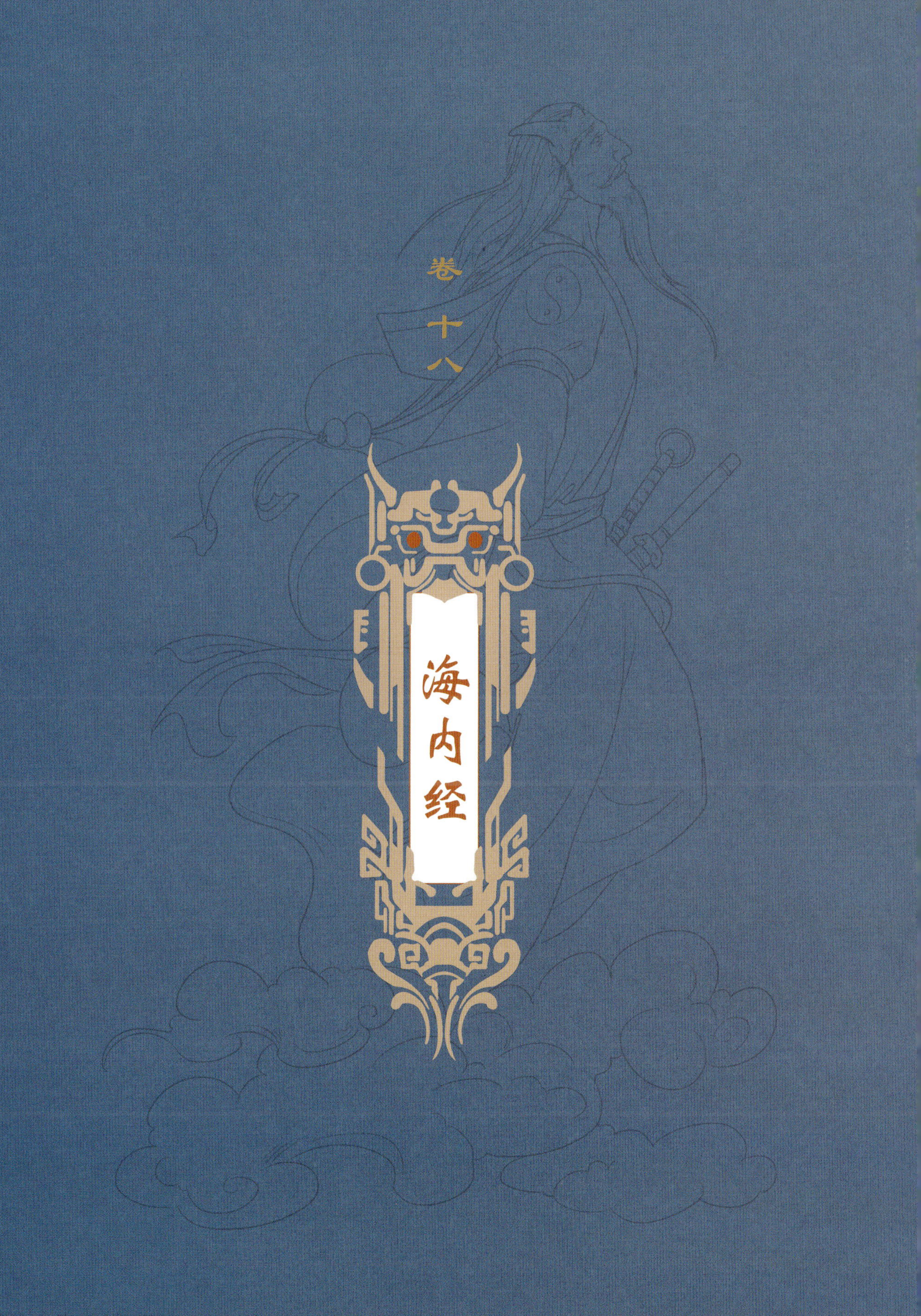
卷十八
海内经

原文

东海之内，北海之隅，有国名曰朝鲜、天毒，其人水居，偎人爱人。

译注

在东海海内，北海的角落，有个国家名叫朝鲜。还有个国家名叫天毒，天毒国的人傍水而居，对人怜悯慈爱。

据古人所说，天毒就是天竺，即现代的印度。印度和朝鲜并不相邻，可能是记载有误或者有文字缺失的情况。

原文

黄帝妻雷祖，生昌意。昌意降处若水，生韩流。韩流擢首、谨耳、人面、豕喙、麟身、渠股、豚止，取淖子曰阿女，生帝颛顼。

韩流

译注

黄帝的妻子雷祖生了昌意。昌意自天上降到若水居住，生下韩流。韩流长着长长的脑袋、小小的耳朵、人的面孔、猪的嘴巴、麒麟的身子、罗圈腿、小猪的蹄子，娶了淖子族人的阿女为妻，并生下颛顼帝。

原文

华山青水之东，有山名曰肇山。有人名曰柏子高，柏子高上下于此，至于天。

译注

华山青水的东边，有座山名叫肇山。有个人名叫柏子高，柏子高常常在此上上下下，直到天上。

蠕蛇

原文

有灵山，有赤蛇在木上，名曰蠕（音如）蛇，木食。

有盐长之国。有人焉鸟首，名曰鸟氏。

译注

在灵山中，有一条红蛇栖息在树上，名叫蝡蛇，以树木为食。

有个盐长国。这里的人长着鸟一样的脑袋，名叫鸟氏。

原文

南方有赣巨人，人面长唇，黑身有毛，反踵，见人则笑，唇蔽其面，因可逃也。

译注

南方有个赣巨人，长着人的脸，长嘴唇，黑色的身子，浑身是毛，脚后跟反长着，见人就笑，一笑嘴唇就能遮住脸，人们因此才有机会逃跑。

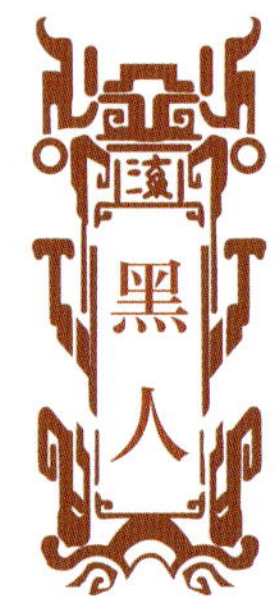

原文

又有黑人，虎首鸟足，两手持蛇，方啖之。

有嬴民，鸟足。

《大荒东经》：有因民国，勾姓，黍食。

译注

还有一种黑人，长着老虎一样的脑袋，鸟一样的爪子，两只手握着蛇，正要吞食。

有嬴民，长着鸟的脚。

据《大荒东经》记载，有一个因民国，那里的人都姓勾，以黍物为食（嬴民和因民应是同一种人）。

原文

有神焉，人首蛇身，长如辕，左右有首，衣紫衣，冠旃（音沾）冠，名曰延维，人主得而飨食之，伯（通霸）天下。

译注

有个神长着人的脑袋和蛇的身子，身躯有车辕那么长，左右各长了一个脑袋，穿着紫色的衣服，戴着红色帽子，名叫延维，君主得到它用厚礼祭祀就可以称霸天下。

菌狗

原文

又有青兽如菟，名曰菌狗。

有五采之鸟，飞蔽一乡，名曰翳鸟。

译注

一种似兔子的青色野兽，名叫菌（“菌”是“菌”的古字）狗。

有一种长着五彩羽毛的鸟，成群起飞的时候可以遮蔽一个乡的天空，名叫翳鸟。

原文

北海之内，有反缚盗械、带戈常倍之佐，名曰相顾之尸。

伯夷父生西岳，西岳生先龙，先龙是始生氐羌，氐羌乞姓。

译注

北海海内，有一个被反绑起来戴上桎梏、身带武器之徒，名叫相顾尸。

伯夷父生了西岳，西岳生了先龙，先龙的后代变成了氐羌这个部落，氐羌人姓乞。

相顾之尸

伯夷父

氐羌

原文

有大玄之山。有玄丘之民。有大幽之国。有赤胫之民。

有钉灵之国，其民从膝以下有毛，马蹄善走。

钉灵国人

译注

有大玄山。有玄丘民。有大幽国。有赤胫民。

有个钉灵国，那里的人从膝盖以下都长着毛，两脚长着马蹄，善于奔跑。

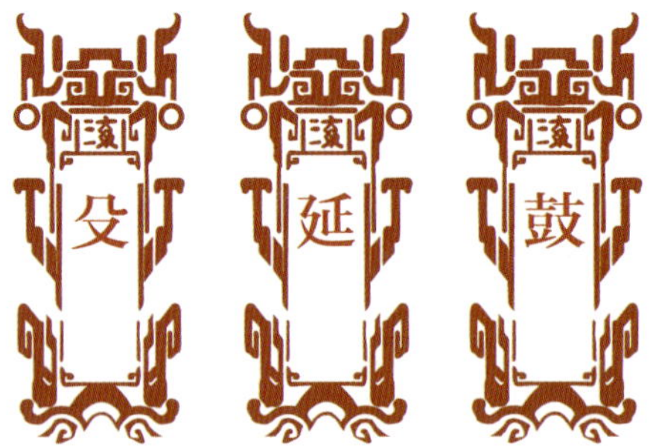

原文

炎帝之孙伯陵，伯陵同吴权之妻阿女缘妇，缘妇孕三年，是生鼓、延、殳（音书）。殳始为侯，鼓、延是始为钟，为乐风。

译注

炎帝的孙子伯陵，伯陵和吴权的妻子阿女缘妇私通，缘妇怀孕三年，生下鼓、延、殳三个儿子。殳发明了箭靶，鼓和延制造了钟，创作了乐曲。

原文

黄帝生骆明，骆明生白马，白马是为鲧。

帝俊生禺号，禺号生淫梁，淫梁生番禺，是始为舟。番禺生奚仲，奚仲生吉光，吉光是始以木为车。

译注

黄帝生了骆明，骆明生了白马，白马就是鲧。

帝俊生了禺号，禺号生了淫梁，淫梁生了番禺，番禺发明了船。番禺生了奚仲，奚仲生了吉光，吉光用木头做成了车。

鲧

番禺

吉光

原文

少皞生般，般是始为弓矢。

译注

少皞生了般，般发明了弓和箭。

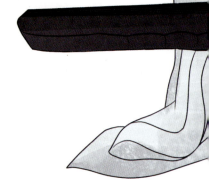

原文

帝俊生晏龙，晏龙是为琴瑟。

《大荒东经》：帝俊生晏龙，晏龙生司幽。

译注

帝俊生了晏龙，晏龙制造出了琴和瑟。

据《大荒东经》记载，帝俊生了晏龙，晏龙生了司幽。

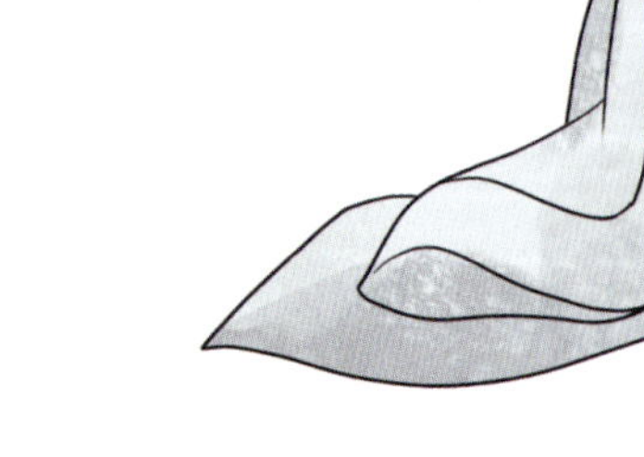

义均

原文

帝俊生三身，三身生义均，义均是始为巧倕（音垂），是始作下民百巧。

译注

帝俊生了三身，三身生了义均，义均便是巧倕（尧时巧匠），发明创造了下方人民所需的百工技巧。

原文

大比赤阴，是始为国。

译注

大比赤阴（可能就是后稷的母亲姜嫄），开始建立国家。

原文

炎帝之妻，赤水之子听訞（音妖）生炎居，炎居生节并，节并生戏器，戏器生祝融。祝融降处于江水，生共工。共工生术器，术器首方颠，是复土壤，以处江水。共工生后土，后土生噎鸣，噎鸣生岁十有二。

译注

炎帝的妻子，赤水族的女子听訞生了炎居，炎居生了节并，节并生了戏器，戏器生了祝融。祝融被贬到江水居住，生了共工。共工生了术器，术器的头顶是又方又平的，恢复了祝融所拥有的土地，但仍旧住在江水。共工生了后土，后土生了噎鸣，噎鸣生了一年的十二个月。

共工

术器

噎鸣

附录

卷一 南山经

原文

南山之首曰䧿[1]山。其首曰招摇之山，临于西海之上，多桂，多金、玉。有草焉，其状如韭而青华[2]，其名曰祝余，食之不饥。有木焉，其状如榖[3]而黑理[4]，其华[5]四照，其名曰迷榖，佩之不迷[6]。有兽焉，其状如禺[7]而白耳，伏行人走，其名曰狌狌[8]，食之善走。丽麂[9]之水出焉，而西流注于海，其中多育沛，佩之无瘕[10]疾。

又东三百里，曰堂庭之山，多棪[11]木，多白猿，多水玉，多黄金。

又东三百八十里，曰猨[12]翼之山，其中多怪兽，水多怪鱼，多白玉，多蝮虫[13]，多怪蛇，多怪木，不可以上。

又东三百七十里，曰杻阳之山，其阳多赤金，其阴多白金。有兽焉，其状如马而白首，其文[14]如虎而赤尾，其音如谣[15]，其名曰鹿蜀，佩之宜子孙。怪水出焉，而东流注于宪翼之水。其中多玄龟，其状如龟而鸟首虺[16]尾，其名曰旋龟，其音如判木[17]，佩之不聋，可以为底[18]。

又东三百里，曰柢[19]山，多水，无草木。有鱼焉，其状如牛，陵居[20]，蛇尾有翼，其羽在魼[21]下，其音如留牛，其名曰鯥[22]，冬死而夏生，食之无肿疾。

又东四百里，曰亶爰[23]之山，多水，无草木，不可以上。有兽焉，其状如狸而有髦[24]，其名曰类，自为牝牡[25]，食者不妒。

又东三百里，曰基山，其阳多玉，其阴多怪木。有兽焉，其状如羊，九尾四耳，其目在背，其名曰猼訑[26]，佩之不畏。有鸟焉，其状如鸡而三首六目、六足三翼，其名曰鵸鵂[27]，食之无卧[28]。

又东三百里，曰青丘之山，其阳多玉，其阴多青雘[29]。有兽焉，其状如狐而九尾，其音如婴儿，能食人，食者不蛊[30]。有鸟焉，其状如鸠，其音若呵[31]，名曰灌灌，佩之不惑。英水出焉，南流注于即翼之泽。其中多赤鱬[32]，其状如鱼而人面，其音如鸳鸯，食之不疥[33]。

又东三百五十里，曰箕尾之山，其尾踆[34]于东海，多沙、石。汸[35]水出焉，而南流注于淯[36]，其中多白玉。

凡䧿山之首，自招摇之山，以至箕尾之山，凡十山，二千九百五十里。其神状皆鸟身而龙首。其祠之礼[37]：毛[38]用一璋玉瘗[39]，糈[40]用稌[41]米，白菅[42]为席。

注释

〔1〕䧿：同鹊。
〔2〕华：同花。
〔3〕榖：音谷；构树。
〔4〕理：纹理。
〔5〕华：光华。
〔6〕迷：迷路。
〔7〕禺：长尾猿。
〔8〕狌：音猩。
〔9〕麢：音几。
〔10〕瘕：音甲；蛊胀病。
〔11〕棪：音掩。
〔12〕猨：音猿。
〔13〕蝮虫：又名反鼻虫，一种毒蛇。
〔14〕文：斑纹。
〔15〕谣：如人歌声。
〔16〕虺：音毁；毒蛇。
〔17〕判木：如破木声。
〔18〕底：同胝，足茧。
〔19〕柢：音帝。
〔20〕陵居：住在山坡上；陵，丘陵。
〔21〕鲑：同胁，肋下之意。
〔22〕鯥：音陆。
〔23〕亶爰：音蝉园。
〔24〕髦：音毛。
〔25〕牝牡：音聘母；雌雄。
〔26〕猼訑：音博施。
〔27〕䳜鸺：音敞夫。
〔28〕无卧：使人少眠。
〔29〕青雘：雘，音霍；即青色的善丹。
〔30〕蛊：蛊毒；妖邪之气。
〔31〕呵：呵斥，责骂。
〔32〕鱬：音儒。
〔33〕疥：疥疮。
〔34〕踆：音村，通蹲。
〔35〕汸：音方。
〔36〕淯：音育。
〔37〕祠之礼：祭祀的礼仪。
〔38〕毛：祀神所用毛物，猪、鸡、犬、羊等。
〔39〕瘗：音义；埋。
〔40〕糈：音许；精米。
〔41〕稌：音涂；稌稻。
〔42〕菅：音尖；茅草。

南次二山之首，曰柜山，西临流黄，北望诸毗[1]，东望长右。英水出焉，西南流注于赤水，其中多白玉，多丹粟。有兽焉，其状如豚[2]，有距[3]，其音如狗吠，其名曰狸力，见则其县多土功[4]。有鸟焉，其状如鸱[5]而人手，其音如痺[6]，其名曰鴸[7]，其名自号[8]也，见则其县多放士[9]。

东南四百五十里，曰长右之山，无草木，多水。有兽焉，其状如禺而四耳，其名曰长右，其音如吟，见则其郡县大水。

又东三百四十里，曰尧光之山，其阳多玉，其阴多金。有兽焉，其状如人而彘鬣[10]，穴居而冬蛰，其名曰猾褢[11]，其音如斫[12]木，见则县有大繇[13]。

又东三百五十里，曰羽山，其下多水，其上多雨，无草木，多蝮虫。

又东三百七十里，曰瞿父之山，无草木，多金、玉。

又东四百里，曰句余之山，无草木，多金、玉。

又东五百里，曰浮玉之山，北望具区，东望诸毗。有兽焉，其状如虎而牛尾，其音如吠犬，其名曰彘，是食人。苕[14]水出于其阴，北流注于具区。其中多鮆[15]鱼。

又东五百里，曰成山，四方而三坛，其上多金、玉，其下多青雘。阏[16]水出焉，而南流入于虖[17]勺，其中多黄金。

又东五百里，曰会稽之山，四方，其上多金、玉，其下多砆石[18]。勺水出焉，而南流注于湨[19]。

又东五百里，曰夷山，无草木，多沙、石。湨水出焉，而南流注于列涂。

又东五百里，曰仆勾之山，其上多金、玉，其下多草木，无鸟兽，无水。

又东五百里，曰咸阴之山，无草木，无水。

又东四百里，曰洵[20]山，其阳多金，其阴多玉。有兽焉，其状如羊而无口，不可杀也，其名曰䍺[21]。洵水出焉，而南流注于阏[22]之泽，其中多茈蠃[23]。

又东四百里，曰虖勺之山，其上多梓、枏[24]，其下多荆、杞。滂水出焉，而东流注于海。

又东五百里，曰区吴之山，无草木，多沙、石。鹿水出焉，而南流注于滂水。

又东五百里，曰鹿吴之山，上无草木，多金、石。泽更之水出焉，而南流注于滂水。水有兽焉，名曰蛊雕，其状如雕而有角，其音如婴儿之音，是食人。

东五百里，曰漆吴之山，无草木，多博石，无玉。处于东海，望丘山，其光载出载入[25]，是惟日次[26]。

凡南次二山之首，自柜山至于漆吴之山，凡十七山，七千二百里。其神状皆龙身而鸟首。其祠：毛用一璧瘗，糈用稌。

注释

〔1〕魮：音皮。

〔2〕豚：小猪。

〔3〕距：鸡距。

〔4〕土功：水土工程。

〔5〕鸱：音吃；鹰一类的猛禽。

〔6〕痺：音悲；雌鹌鹑。

〔7〕鴸：音朱。

〔8〕其名自号：自呼其名；名字从鸣叫声中呼唤出来。

〔9〕放士：被放逐的才智之士。

〔10〕彘鬣：音志烈。

〔11〕猾裹：音滑怀。

〔12〕斫：音啄；砍伐。

〔13〕繇：音遥；徭役。

〔14〕苕：音条。

〔15〕鮆：音咨。

〔16〕阓：音豕。

〔17〕虖：音乎。

〔18〕砆石：砆音夫；武夫石，似玉。

〔19〕淏：音局。

〔20〕洵：音寻。

〔21〕虪：音环。

〔22〕阏：音厄。

〔23〕茈蠃：音紫螺。

〔24〕枏：音楠；楠树。

〔25〕载出载入：忽明忽灭。

〔26〕次：停留，休息。

南次三山之首，曰天虞之山，其下多水，不可以上。

东五百里，曰祷过之山，其上多金、玉，其下多犀、兕[1]，多象。有鸟焉，其状如䴔[2]，而白首、三足、人面，其名曰瞿如，其鸣自号[3]也。泿[4]水出焉，而南流注于海。其中有虎蛟，其状鱼身而蛇尾，其音如鸳鸯，食者不肿，可以已痔。

又东五百里，曰丹穴之山，其上多金、玉。丹水出焉，而南流注于渤海。有鸟焉，其状如鸡，五采而文，名曰凤皇，首文曰德，翼文曰顺，背文曰义，膺[5]文曰仁，腹文曰信。是鸟也，饮食自然，自歌自舞，见则天下安宁。

又东五百里，曰发爽之山，无草木，多水，多白猿。汎[6]水出焉，而南流注于渤海。

又东四百里，至于旄[7]山之尾。其南有谷，曰育遗，多怪鸟，凯风[8]自是出。

又东四百里，至于非山之首，其上多金、玉，无水，其下多蝮虫。

又东五百里，曰阳夹之山，无草木，多水。

又东五百里，曰灌湘之山，上多木，无草；多怪鸟，无兽。

又东五百里，曰鸡山，其上多金，其下多丹雘。黑水出焉，而南流注于海。其中有鱄[9]鱼，其状如鲋[10]而彘毛，其音如豚，见则天下大旱。

又东四百里，曰令丘之山，无草木，多火。其南有谷焉，曰中谷，条风[11]自是出。有鸟焉，其状如枭，人面四目而有耳，其名曰颙[12]，其鸣自号也，见则天下大旱。

又东三百七十里，曰仑者之山，其上多金、玉，其下多青雘。有木焉，其状如榖而赤理，其汗如漆，其味如饴，食者不饥，可以释劳[13]，其名曰白䓘[14]，可以血[15]玉。

又东五百八十里，曰禺稾[16]之山，多怪兽，多大蛇。

又东五百八十里，曰南禺之山，其上多金、玉，其下多水。有穴焉，水春辄入，夏乃出，冬则闭。佐水出焉，而东南流注于海，有凤皇、鹓雏。

凡南次三经之首，自天虞之山以至南禺之山，凡一十四山，六千五百三十里。其神皆龙身而人面。其祠皆一白狗祈，糈用稌。

右〔17〕南经之山，大小凡四十山，万六千三百八十里。

注释

〔1〕兕：音寺；其状如牛。
〔2〕䴔：音交。
〔3〕其鸣自号：鸣叫声就是它的名字。
〔4〕浪：音银。
〔5〕膺：音英；胸。
〔6〕汎：音泛。
〔7〕旄：音毛。
〔8〕凯风：南风。
〔9〕鱄：音团。
〔10〕鲋：音付；鲫鱼。
〔11〕条风：东北风。
〔12〕颙：音娱。
〔13〕释劳：忘忧。
〔14〕萶：音羔。
〔15〕血：染色。
〔16〕稾：音稿。
〔17〕右：右边；古书右翻，故有总结之意。

卷二　西山经

原文

西山华山之首，曰钱来之山。其上多松，其下多洗石。有兽焉，其状如羊而马尾，名曰羬[1]羊，其脂可以已腊[2]。

西四十五里，曰松果之山。濩[3]水出焉，北注于渭，其中多铜。有鸟焉，其名曰䳋[4]渠，其状如山鸡，黑身赤足，可以已㿟[5]。

又西六十里，曰太华之山，削成而四方，其高五千仞，其广十里，鸟兽莫居。有蛇焉，名曰肥𧔥[6]，六足四翼，见则天下大旱。

又西八十里，曰小华之山，其木多荆、杞，其兽多㸲[7]牛，其阴多磬石，其阳多㻬琈[8]之玉。鸟多赤鷩[9]，可以御火。其草有萆[10]荔，状如乌韭，而生于石上，亦缘木而生，食之已心痛。

又西八十里，曰符禺之山，其阳多铜，其阴多铁。其上有木焉，名曰文茎，其实如枣，可以已聋。其草多条，其状如葵，而赤华黄实，如婴儿舌，食之使人不惑。符禺之水出焉，而北流注于渭。其兽多葱聋，其状如羊而赤鬣。其鸟多鴖[11]，其状如翠而赤喙，可以御火。

又西六十里，曰石脆之山，其木多棕、枏，其草多条，其状如韭，而白华黑实，食之已疥。其阳多㻬琈之玉，其阴多铜。灌水出焉，而北流注于禺水。其中有流赭，以涂牛马无病。

又西七十里，曰英山，其上多杻、橿[12]，其阴多铁，其阳多赤金。禺水出焉，北流注于招水，其中多鲜[13]鱼，其状如鳖，其音如羊。其阳多箭、䉋[14]，其兽多㸲牛、羬羊。有鸟焉，其状如鹑，黄身而赤喙，其名曰肥遗，食之已疠[15]，可以杀虫。

又西五十二里，曰竹山，其上多乔木，其阴多铁。有草焉，其名曰黄雚，其状如樗[16]，其叶如麻，白华而赤实，其状如赭，浴之已疥，又可以已胕[17]。竹水出焉，北流注于渭，其阳多竹、箭，多苍玉。丹水出焉，东南流注于洛水，其中多水玉，多人鱼。有兽焉，其状如豚而白毛，大如笄[18]而黑端，名曰豪彘。

又西百二十里，曰浮山，多盼木，枳叶而无伤，木虫居之。有草焉，名曰薰草，麻叶而方茎，赤华而黑实，臭[19]如蘼芜[20]，佩之可以已疠。

又西七十里，曰羭[21]次之山，漆水出焉，北流注于渭。其上多棫、橿，其下多竹、箭，其阴多赤铜，其阳多婴垣[22]之玉。有兽焉，其状如禺而长臂，善投[23]，其名曰嚣[24]。有鸟焉，其状如枭，人面而一足，曰橐𩇯[25]，冬见夏蛰[26]，服之不畏雷。

又西百五十里，曰时山，无草木。逐水出焉，北流注于渭，其中多水玉。

又西百七十里，曰南山，上多丹粟。丹水出焉，北流注于渭。兽多猛豹，鸟多尸鸠。

又西百八十里，曰大时之山，上多榖、柞[27]，下多杻、橿，阴多银，阳多白玉。涔[28]水出焉，北流注于渭。清水出焉，南流注于汉水。

又西三百二十里，曰嶓[29]冢之山，汉水出焉，而东南流注于沔；嚣水出焉，北流注于汤水。其上多桃枝、钩端[30]，兽多犀、兕、熊、罴[31]，鸟多白翰、赤鷩。有草焉，其叶如蕙，其本如桔梗，黑华而不实，名曰蓇[32]蓉，食之使人无子。

又西三百五十里，曰天帝之山，上多棕、枏，下多菅、蕙。有兽焉，其状如狗，名曰谿[33]边，席其皮者不蛊。有鸟焉，其状如鹑，黑文而赤翁[34]，名曰栎，食之已痔。有草焉，其状如葵，其臭如蘼芜，名曰杜衡，可以走马[35]，食之已瘿[36]。

西南三百八十里，曰皋涂之山，蔷水出焉，西流注于诸资之水；涂水出焉，南流注于集获之水。其阳多丹粟，其阴多银、黄金，其上多桂木。有白石焉，其名曰礜[37]，可以毒鼠。有草焉，其状如槀茇[38]，其叶如葵而赤背，名曰无条，可以毒鼠。有兽焉，其状如鹿而白尾，马足人手而四角，名曰玃[39]如。有鸟焉，其状如鸱而人足，名曰数斯，食之已瘿。

又西百八十里，曰黄山，无草木，多竹、箭。盼水出焉，西流注于赤水，其中多玉。有兽焉，其状如牛，而苍黑大目，其名曰𤛎[40]。有鸟焉，其状如鸮[41]，青羽赤喙，人舌能言，名曰鹦䳇[42]。

又西二百里，曰翠山，其上多棕、枏，其下多竹、箭，其阳多黄金、玉，其阴多旄牛、麢[43]、麝[44]；其鸟多鸓[45]，其状如鹊，赤黑而两首、四足，可以御火。

又西二百五十里，曰騩[46]山，是錞[47]于西海，无草木，多玉。凄水出焉，西流注于海，其中多采石、黄金，多丹粟。

凡西山之首，自钱来之山至于騩山，凡十九山，二千九百五十七里。华山冢也，其祠之礼：太牢[48]。羭山，神也，祠之用烛，斋百日以百牺[49]，瘗用百瑜[50]，汤[51]其酒百樽，婴[52]以百珪百璧。其余十七山之属，皆毛牷[53]用一羊祠之。烛者[54]，百草之未灰，白席采等纯之。

注释

〔1〕羬：音钱。
〔2〕腊：音息；干裂的皮肤。
〔3〕濩：音户。
〔4〕蛗：音同。
〔5〕㬥：音雹；皮肤皱起。
〔6〕螚：音遗。
〔7〕㸲：音昨。
〔8〕瑑琈：音突浮。
〔9〕鷩：音憋。
〔10〕萆：音必。
〔11〕鸱：音民。
〔12〕橿：音疆。
〔13〕鲜：音棒。
〔14〕箭：音媚；竹子。
〔15〕疠：疫病。
〔16〕樗：音出；臭椿树。
〔17〕胕：音服；浮肿。
〔18〕笄：音基；簪子。
〔19〕臭：音嗅；气味。
〔20〕蘼芜：音迷无；香草。
〔21〕羭：音于。
〔22〕垣：音元。
〔23〕善投：善于投掷。
〔24〕嚣：兽名，猴属。
〔25〕橐𩇯：音驼肥。
〔26〕蛰：蛰伏。
〔27〕柞：音作；栎树。
〔28〕涔：音钱。

〔29〕皤：音波。
〔30〕桃枝、钩端：皆竹名，桃枝竹，钩端竹。
〔31〕罴：熊的一种。
〔32〕菁：音骨。
〔33〕谿：音溪。
〔34〕翁：颈毛。
〔35〕走马：马得之而健走。
〔36〕瘿：音婴；颈瘤。
〔37〕礜：音玉。
〔38〕槀茇：音高拔；一种香草。
〔39〕獿：音绝。
〔40〕擎：音敏。
〔41〕鸮：音消；鹰一类的猛禽。
〔42〕鹦䳇：鹦鹉。
〔43〕麢：音灵；羚羊。
〔44〕麝：音射；香獐。
〔45〕鸓：音磊。
〔46〕谠：音微。
〔47〕锌：通蹲；蹲踞。
〔48〕太牢：牛、羊、猪为太牢。
〔49〕牺：毛色纯正的牲畜。
〔50〕瑜：一种美玉。
〔51〕汤：温、烫。
〔52〕婴：围绕。
〔53〕牷：牲畜色纯且完整。
〔54〕烛者：所谓烛，就是百草束成的火把，当它还没有烧成灰的时候就叫烛。

西次二山之首，曰钤〔1〕山，其上多铜，其下多玉，其木多杻、橿。

西二百里，曰泰冒之山，其阳多玉，其阴多铁。浴水出焉，东流注于河，其中多藻玉，多白蛇。

又西一百七十里，曰数历之山，其上多黄金，其下多银，其木多杻、橿，其鸟多鹦䳇。楚水出焉，而南流注于渭，其中多白珠。

又西百五十里高山，其上多银，其下多青碧、雄黄，其木多棕，其草多竹。泾水出焉，而东流注于渭，其中多磬石、青碧。

西南三百里，曰女床之山，其阳多赤铜，其阴多石涅〔2〕，其兽多虎、豹、犀、兕。有鸟焉，其状如翟〔3〕而五采文，名曰鸾鸟，见则天下安宁。

又西二百里，曰龙首之山，其阳多黄金，其阴多铁。苕水出焉，东南流注于泾水，其中多美玉。

又西二百里，曰鹿台之山，其上多白玉，其下多银，其兽多㸲牛、羬羊、白豪〔4〕。有鸟焉，其状如雄鸡而人面，名曰凫徯〔5〕，其鸣自叫也，见则有兵。

西南二百里，曰鸟危之山，其阳多磬石，其阴多檀、楮〔6〕，其中多女床。

鸟危之水出焉，西流注于赤水，其中多丹粟。

又西四百里，曰小次之山，其上多白玉，其下多赤铜。有兽焉，其状如猿，而白首赤足，名曰朱厌，见则大兵。

又西三百里，曰大次之山，其阳多垩〔7〕，其阴多碧，其兽多㸲牛、麢羊。

又西四百里，曰薰吴之山，无草木，多金、玉。

又西四百里，曰底〔8〕阳之山，其木多棫〔9〕、柟、豫章，其兽多犀、兕、虎、犳〔10〕、㸲牛。

又西二百五十里，曰众兽之山，其上多㻬琈之玉，其下多檀、楮，多黄金，其兽多犀、兕。

又西五百里，曰皇人之山，其上多金、玉，其下多青雄黄。皇水出焉，西流注于赤水，其中多丹粟。

又西三百里，曰中皇之山，其上多黄金，其下多蕙、棠。

又西三百五十里，曰西皇之山，其阳多黄金，其阴多铁，其兽多麋、鹿、㸲牛。

又西三百五十里，曰莱山，其木多檀、楮，其鸟多罗罗，是食人。

凡西次二山之首，自钤山至于莱山，凡十七山，四千一百四十里。其十神者，皆人面而马身。其七神，皆人面而牛身，四足而一臂，操杖以行，是为飞兽之神。其祠之，毛用少牢〔11〕，白菅为席。其十辈神者，其祠之，毛一雄鸡，钤而不糈〔12〕，毛采〔13〕。

注释

〔1〕钤：音前。

〔2〕石涅：黑石脂，可以画眉。

〔3〕翟：长尾山鸡。

〔4〕白豪：白色豪猪。

〔5〕凫徯：音伏溪。

〔6〕楮：音储；构树。

〔7〕垩：泥土。

〔8〕底：音纸。

〔9〕棫：音计；似松树，有刺，细纹理。

〔10〕犳：音卓。

〔11〕少牢：羊和猪为少劳。

〔12〕钤而不糈：祈祷时不用精米。

〔13〕毛采：杂色雄鸡。

西次三山之首，曰崇吾之山，在河之南，北望冢遂[1]，南望䍃[2]之泽，西望帝之搏兽之丘，东望蠕[3]渊。有木焉，员[4]叶而白柎[5]，赤华而黑理，其实如枳，食之宜子孙。有兽焉，其状如禺而文臂，豹尾而善投，名曰举父。有鸟焉，其状如凫[6]，而一翼一目，相得乃飞，名曰蛮蛮，见则天下大水。

西北三百里，曰长沙之山。泚[7]水出焉，北流注于泑[8]水，无草木，多青雄黄。

又西北三百七十里，曰不周之山。北望诸毗之山，临彼岳崇之山，东望泑泽，河水所潜也，其原浑浑泡泡[9]。爰有嘉果，其实如桃，其叶如枣，黄华而赤柎，食之不劳。

又西北四百二十里，曰峚[10]山，其上多丹木，员叶而赤茎，黄华而赤实，其味如饴，食之不饥。丹水出焉，西流注于稷泽，其中多白玉。是有玉膏，其原沸沸汤汤，黄帝是食是飨[11]。是生玄玉。玉膏所出，以灌丹木，丹木五岁，五色乃清，五味乃馨。黄帝乃取峚山之玉荣，而投之钟山之阳。瑾瑜之玉为良，坚粟精密，浊泽而有光。五色发作，以和柔刚。天地鬼神，是食是飨；君子服之，以御不祥。自峚山至于钟山，四百六十里，其间尽泽也。是多奇鸟、怪兽、奇鱼，皆异物焉。

又西北四百二十里，曰钟山。其子曰鼓，其状人面而龙身，是与钦䲹[12]杀葆江于昆仑之阳，帝乃戮之钟山之东曰䍃[13]崖。钦䲹化为大鹗，其状如雕而墨文白首，赤喙而虎爪，其音如晨鹄[14]，见则有大兵；鼓亦化为鵕[15]鸟，其状如鸱，赤足而直喙，黄文而白首，其音如鹄，见则其邑大旱。

又西百八十里，曰泰器之山。观水出焉，西流注于流沙。是多文鳐[16]鱼，状如鲤鱼，鱼身而鸟翼，苍文而白首赤喙，常行西海，游于东海，以夜飞[17]。其音如鸾鸡，其味酸甘，食之已狂，见则天下大穰[18]。

又西三百二十里，曰槐江之山。丘时之水出焉，而北流注于泑水。其中多嬴[19]母，其上多青雄黄，多藏琅玕[20]、黄金、玉，其阳多丹粟。其阴多采黄金、银。实惟帝之平圃，神英招[21]司之，其状马身而人面，虎文而鸟翼，徇于四海，其音如榴[22]。南望昆仑，其光熊熊，其气魂魂[23]。西望大泽，后稷所潜也。其中多玉，其阴多榣木之有若[24]。北望诸毗，槐鬼离仑居之，鹰、鹯[25]之所宅也。东望恒山四成，有穷鬼居之，各在一搏[26]。爰有瑶水，其清洛洛。有天神焉，其状如牛，而八足二首马尾，其音如勃皇，见则其邑有兵。

西南四百里，曰昆仑之丘，实惟帝之下都，神陆吾司之。其神状虎身而九尾，人面而虎爪，是神也，司天之九部及帝之囿[27]时。有兽焉，其状如羊而四角，名曰土蝼[28]，是食人。有鸟焉，其状如蜂，大如鸳鸯，名曰钦原，蠚[29]鸟兽则死，蠚木则枯。有鸟焉，其名曰鹑鸟，是司帝之百服[30]。有木焉，其状如棠，黄华赤实，其味如李而无核，名曰沙棠，可以御水，食之使人不溺。有草焉，名曰蘉[31]草，其状如葵，其味如葱，食之已劳。河水出焉，而南流注于无达。赤水出焉，而东南流注于氾天之水。洋水出焉，而西南流注于丑涂之水。墨水出焉，而西流注于大杅[32]。是多怪鸟兽。

又西三百七十里，曰乐游之山。桃水出焉，西流注于稷泽，是多白玉，其中多䱻[33]鱼，其状如蛇而四足，是食鱼。

西水行四百里，曰流沙，二百里至于嬴母之山，神长乘司之，是天之九德也。其神状如人而犳尾。其上多玉，其下多青石而无水。

又西三百五十里，曰玉山，是西王母所居也。西王母其状如人，豹尾虎齿而善啸，蓬发戴胜[34]，是司天之厉[35]及五残。有兽焉，其状如犬而豹文，其角如牛，其名曰狡，其音如吠犬，见则其国大穰。有鸟焉，其状如翟而赤，名曰胜遇，是食鱼，其音如录[36]，见则其国大水。

又西四百八十里，曰轩辕之丘，无草木。洵水出焉，南流注于黑水，其中多丹粟，多青雄黄。

又西三百里，曰积石之山，其下有石门，河水冒以西流，是山也，万物无不有焉。

又西二百里，曰长留之山，其神白帝少昊居之。其兽皆文尾，其鸟皆文首。是多文玉石。实惟员神磈[37]氏之宫。是神也，主司反景[38]。

又西二百八十里，曰章莪[39]之山，无草木，多瑶碧。所为甚怪。有兽焉，其状如赤豹，五尾一角，其音如击石，其名曰狰。有鸟焉，其状如鹤，一足，赤文青质而白喙，名曰毕方，其鸣自叫也，见则其邑有讹火[40]。

又西三百里，曰阴山。浊浴之水出焉，而南流注于蕃泽，其中多文贝。有兽焉，其状如狸而白首，名曰天狗，其音如榴榴[41]，可以御凶。

又西二百里，曰符惕[42]之山，其上多棕、枏，下多金、玉。神江疑居之。是山也，多怪雨，风云之所出也。

又西二百二十里，曰三危之山，三青鸟居之。是山也，广员百里。其上有兽焉，其状如牛，白身四角，其豪如披蓑[43]，其名曰獓㺇[44]，是食人。有鸟焉，一首而三身，其状如鸈[45]，其名曰鸱。

又西一百九十里，曰騩山，其上多玉而无石。神耆[46]童居之，其音常如钟磬。其下多积蛇。

又西三百五十里，曰天山，多金、玉，有青雄黄。英水出焉，而西南流注于汤谷。有神焉，其状如黄囊，赤如丹火，六足四翼，浑敦[47]无面目，是识歌舞，实为帝江[48]也。

又西二百九十里，曰泑山，神蓐[49]收居之。其上多婴短之玉，其阳多瑾瑜之玉，其阴多青雄黄。是山也，西望日之所入，其气员，神红光之所司也。

西水行百里，至于翼望之山，无草木，多金、玉。有兽焉，其状如狸，一目而三尾，名曰讙[50]，其音如夺百声，是可以御凶，服之已瘅[51]。有鸟焉，其状如乌，三首六尾而善笑，名曰鵸鵌[52]，服之使人不厌，又可以御凶。

凡西次三山之首，自崇吾之山至于翼望之山，凡二十三山，六千七百四十四里。其神状皆羊身人面。其祠之礼，用一吉玉瘗，糈用稷米。

注释

〔1〕冢遂：山名。
〔2〕䍃：音摇。
〔3〕螞：音焉。
〔4〕员：通圆。
〔5〕柎：音夫；花萼。
〔6〕凫：水鸟，野鸭。
〔7〕泚：音此。
〔8〕泑：音优。
〔9〕浑浑泡泡：音滚滚咆咆；水喷涌的声音。
〔10〕峚：音密。
〔11〕飨：通享。
〔12〕鵧：音批。
〔13〕嶢：音谣。
〔14〕鹕：音胡。
〔15〕鵔：音俊。
〔16〕鳐：音摇。
〔17〕以夜飞：夜间飞行。
〔18〕穰：音瓤；丰收。
〔19〕蠃：通螺。
〔20〕琅玕：音郎甘；似珠玉的美石。
〔21〕招：音韶。
〔22〕榴：抽水声。
〔23〕魂魂：气象恢宏。
〔24〕若：若木，长于榣木之上。
〔25〕鷉：音沾；猛禽，似鹞鹰。
〔26〕搏：也作抟，腋下肋骨。
〔27〕囿：园圃，园林。
〔28〕蝼：音楼。
〔29〕蓏：音呵；刺、蜇。
〔30〕百服：各种器物、服饰。
〔31〕蘋：音频。
〔32〕杅：音于。
〔33〕鳛：音滑。
〔34〕胜：玉质首饰。
〔35〕厉：灾厉。
〔36〕录：鹿鸣。
〔37〕魂：音伟。
〔38〕反景：景通影，把中午之前指向西方的影子反拨向东方。
〔39〕莪：音鹅。
〔40〕讹火：怪火。
〔41〕榴榴：或作猫猫。
〔42〕惕：音替。
〔43〕蓑：用草编织的雨披。
〔44〕傲徆：音奥耶。
〔45〕鸹：音洛。
〔46〕耆：音奇。
〔47〕浑敦：混沌，模糊不清。
〔48〕江：音鸿。
〔49〕蓐：音入。
〔50〕讙：音欢。
〔51〕瘅：音旦；黄疸病。
〔52〕鹌鸰：音奇余。

西次四山之首，曰阴山，上多穀，无石，其草多茆[1]、蕃[2]。阴水出焉，西流注于洛。

北五十里，曰劳山，多茈[3]草。弱水出焉，而西流注于洛。

西五十里，曰罢父之山，洱水出焉，而西流注于洛，其中多茈、碧。

北七十里，曰申山，其上多穀、柞，其下多杻、橿，其阳多金、玉。区水出焉，而东流注于河。

北二百里，曰鸟山，其上多桑，其下多楮，其阴多铁，其阳多玉。辱水出焉，而东流注于河。

又北百二十里，曰上申之山，上无草木，而多硌[4]石，下多榛、楛[5]，兽多白鹿。其鸟多当扈，其状如雉，以其髯飞，食之不眴目[6]。汤水出焉，东流注于河。

又北百八十里，曰诸次之山，诸次之水出焉，而东流注于河。是山也，多木无草，鸟兽莫居，是多众蛇。

又北百八十里，曰号山，其木多漆、棕，其草多药、虈[7]，芎䓖[8]。多汵石[9]。端水出焉，而东流注于河。

又北二百二十里，曰盂山，其阴多铁，其阳多铜，其兽多白狼、白虎，其鸟多白雉、白翟。生水出焉，而东流注于河。

西二百五十里，曰白於之山，上多松、柏，下多栎、檀，其兽多㸲牛、羬羊，其鸟多鸮。洛水出于其阳，而东流注于渭；夹水出于其阴，东流注于生水。

西北三百里，曰申首之山，无草木，冬夏有雪。申水出于其上，潜于其下，是多白玉。

又西五十五里，曰泾谷之山。泾水出焉，东南流注于渭，是多白金、白玉。

又西百二十里，曰刚山，多柒木[10]，多㻬琈之玉。刚水出焉，北流注于渭。是多神䰠[11]，其状人面兽身，一足一手，其音如钦[12]。

又西二百里，至刚山之尾。洛水出焉，而北流注于河。其中多蛮蛮，其状鼠身而鳖首，其音如吠犬。

又西三百五十里，曰英鞮[13]之山，上多漆木，下多金、玉，鸟兽尽白。浣[14]水出焉，而北流注于陵羊之泽。是多冉遗之鱼，鱼身蛇首六足，其目如马耳，食之使人不眯[15]，可以御凶。

又西三百里，曰中曲之山，其阳多玉，其阴多雄黄、白玉及金。有兽焉，其状如马而白身黑尾，一角，虎牙爪，音如鼓音，其名曰驳[16]，是食虎豹，可以御兵。有木焉，其状如棠，而员叶赤实，实大如木瓜，名曰櫰[17]木，食之多力。

又西二百六十里，曰邽[18]山。其上有兽焉，其状如牛，蝟[19]毛，名曰穷奇，音如獆[20]狗，是食人。濛水出焉，南流注于洋水，其中多黄贝，蠃鱼，鱼身而鸟翼，音如鸳鸯，见则其邑大水。

又西二百二十里，曰鸟鼠同穴之山，其上多白虎、白玉。渭水出焉，而东流注于河。其中多鰠[21]鱼，其状如鳣鱼，动则其邑有大兵。滥[22]水出于其西，西流注于汉水，多䰽魮[23]之鱼，其状如覆铫[24]，鸟首而鱼翼鱼尾，音如磬石之声，是生珠玉。

西南三百六十里，曰崦嵫[25]之山，其上多丹木，其叶如穀，其实大如瓜，赤符而黑理，食之已瘅，可以御火。其阳多龟，其阴多玉。苕水出焉，而西流注于海，其中多砥、砺。有兽焉，其状马身而鸟翼，人面蛇尾，是好举人，名曰孰湖。有鸟焉，其状如鸮而人面，蜼[26]身犬尾，其名自号也，见则其邑大旱。

凡西次四山，自阴山以下，至于崦嵫之山，凡十九山，三千六百八十里。其神祠礼，皆用一白鸡祈，糈以稻米，白菅为席。

右西经之山，凡七十七山，一万七千五百一十七里。

注释

〔1〕茆：音卯；莼菜。

〔2〕蕃：音烦；草名。

〔3〕茈：音紫。

〔4〕硌：音洛。

〔5〕楛：音户；木名，荆属。

〔6〕眴目：同瞬目，眨眼。

〔7〕䕭：音萧；香草。

〔8〕芎䓖：音凶穷；川芎。

〔9〕泠石：即淦，音赣，质地柔软如泥的玉石。

〔10〕桼木：即下文漆木。

〔11〕䳤：音赤。

〔12〕钦：通吟。

〔13〕䍝：音低。

〔14〕渷：音渊。

〔15〕眯：梦魇。

〔16〕驳：音博。

〔17〕槐：音归。

〔18〕邽：音圭。

〔19〕蜎：刺猬。

〔20〕獆：音嚎。

〔21〕螽：音骚。

〔22〕滥：音建。

〔23〕鴽魮：音如皮。

〔24〕覆铫：覆，翻转；铫，音吊，煎药或烧水的器具。

〔25〕崦嵫：音烟兹。

〔26〕蜼：音伟；猕猴属。

卷三　北山经

原文

北山之首，曰单狐之山，多机木，其上多华草。逢[1]水出焉，而西流注于泑水，其中多茈石、文石。

又北二百五十里，曰求如之山，其上多铜，其下多玉，无草木。滑水出焉，而西流注于诸毗之水。其中多滑鱼，其状如鳝[2]，赤背，其音如梧[3]，食之已疣。其中多水马，其状如马，文臂牛尾，其音如呼。

又北三百里，曰带山，其上多玉，其下多青碧。有兽焉，其状如马，一角有错[4]，其名曰臛[5]疏，可以辟火。有鸟焉，其状如乌，五采而赤文，名曰鹌鸰，是自为牝牡，食之不疽[6]。彭水出焉，而西流注于芘湖之水，其中多儵[7]鱼，其状如鸡而赤毛，三尾、六足、四首，其音如鹊，食之可以已忧。

又北四百里，曰谯明之山。谯水出焉，西流注于河。其中多何罗之鱼，一首而十身，其音如吠犬，食之已痈。有兽焉，其状如貆[8]而赤毫，其音如榴榴，名曰孟槐，可以御凶。是山也，无草木，多青雄黄。

又北三百五十里，曰涿光之山。嚣水出焉，而西流注于河。其中多鳛鳛[9]之鱼，其状如鹊而十翼，鳞皆在羽端，其音如鹊，可以御火，食之不瘅。其上多松、柏，其下多棕、橿，其兽多麢羊，其鸟多蕃。

又北三百八十里，曰虢[10]山，其上多漆[11]，其下多桐、椐。其阳多玉，其阴多铁。伊水出焉，西流注于河。其兽多橐驼[12]，其鸟多寓，状如鼠而鸟翼，其音如羊，可以御兵。

又北四百里，至于虢山之尾，其上多玉而无石。鱼水出焉，西流注于河，其中多文贝。

又北二百里，曰丹熏之山，其上多樗、柏，其草多韭、薤[13]，多丹雘。熏水出焉，而西流注于棠水。有兽焉，其状如鼠，而菟[14]首麋耳，其音如獋犬，以其尾飞，名曰耳鼠，食之不脎[15]，又可以御百毒。

又北二百八十里，曰石者之山，其上无草木，多瑶、碧。泚水出焉，西流注于河。有兽焉，其状如豹，而文题[16]白身，名曰孟极，是善伏[17]，其鸣自呼。

又北百一十里，曰边春之山，多葱、葵、韭、桃、李。杠水出焉，而西流注于泑泽。有兽焉，其状如禺而文身，善笑，见人则卧，名曰幽鴳[18]，其鸣自呼。

又北二百里，曰蔓联之山，其上无草木。有兽焉，其状如禺而有鬣，牛尾、文臂、马蹄，见人则呼，名曰足訾[19]，其鸣自呼。有鸟焉，群居而朋[20]飞，其毛如雌雉，名曰䳋[21]，其鸣自呼，食之已风。

又北百八十里，曰单张之山，其上无草木。有兽焉，其状如豹而长尾，人首而牛耳，一目，名曰诸犍，善吒[22]，行则衔其尾，居[23]则蟠[24]其尾。有鸟焉，其状如雉，而文首、白翼、黄足，名曰白鵺[25]，食之已嗌[26]痛，可以已痸[27]。栎水出焉，在而南流注于杠水。

又北三百二十里，曰灌题之山，其上多樗、柘，其下多流沙，多砥。有兽焉，其状如牛而白尾，其音如训[28]，名曰那父。有鸟焉，其状如雌雉而人面，见人则跃，名曰竦斯，其鸣自呼也。匠韩之水出焉，而西流注于泑泽，其中多磁石。

又北二百里，曰潘侯之山，其上多松、柏，其下多榛、楛，其阳多玉，其阴多铁。有兽焉，其状如牛，而四节生毛，名曰旄牛。边水出焉，而南流注于栎泽。

又北二百三十里，曰小咸之山，无草木，冬夏有雪。

北二百八十里，曰大咸之山，无草木，其下多玉。是山也，四方，不可以上。有蛇名曰长蛇，其毛如彘豪，其音如鼓柝[29]。

又北三百二十里，曰敦薨[30]之山，其上多棕、枏，其下多茈草。敦薨之水出焉，而西流注于泑泽。出于昆仑之东北隅，实惟河原。其中多赤鲑，其兽多兕、旄牛，其鸟多尸鸠。

又北二百里，曰少咸之山，无草木，多青碧。有兽焉，其状如牛，而赤身、人面、马足，名曰窫窳[31]，其音如婴儿，是食人。敦水出焉，东流注于雁门之水，其中多䱻䱻[32]之鱼，食之杀人。

又北二百里，曰狱法之山。瀤[33]泽之水出焉，而东北流注于泰泽。其中多鱳[34]鱼，其状如鲤而鸡足，食之已疣。有兽焉，其状如犬而人面，善投，见人则笑，其名曰山𤟤[35]，其行如风，见则天下大风。

又北二百里，曰北岳之山，多枳、棘、刚木。有兽焉，其状如牛，而四角、人目、彘耳，其名曰诸怀，其音如鸣雁，是食人。诸怀之水出焉，而西流注于嚣水，水中多鮨[36]鱼，鱼身而犬首，其音如婴儿，食之已狂。

又北百八十里，曰浑夕之山，无草木，多铜、玉。嚣水出焉，而西北流注于海。有蛇一首两身，名曰肥遗，见则其国大旱。

又北五十里，曰北单之山，无草木，多葱、韭。

又北百里，曰罴差之山，无草木，多马。

又北百八十里，曰北鲜之山，是多马。鲜水出焉，而西北流注于涂吾之水。

又北百七十里，曰隄[37]山，多马。有兽焉，其状如豹而文首，名曰狕[38]。隄水出焉，而东流注于泰泽，其中多龙龟。

凡北山之首，自单狐之山至于隄山，凡二十五山，五千四百九十里，其神皆人面蛇身。其祠之，毛用一雄鸡彘瘗，吉玉用一珪，瘗而不糈。其山北人，皆生食不火之物。

注释

〔1〕漨：音逢。

〔2〕鳝：音善；鳝鱼。

〔3〕梧：琴瑟。

〔4〕错：通厝；磨刀石。

〔5〕䑏：音欢。

〔6〕疽：音居；痈疽、毒疮。

〔7〕儵：音由。

〔8〕貆：音环；豪猪。

〔9〕鳛：音习。
〔10〕虢：音国。
〔11〕漆：漆树。
〔12〕橐驼：骆驼。
〔13〕薤：音谢，同薤；鸿荟，一种野菜。
〔14〕菟：通兔。
〔15〕脎：音采；臌胀病。
〔16〕题：额头。
〔17〕善伏：善于隐藏。
〔18〕鸡：音遏。
〔19〕訾：音资。
〔20〕朋：成群结队。
〔21〕鸡：音交。
〔22〕吒：吼叫。
〔23〕居：停止。
〔24〕蟠：盘曲。
〔25〕鷌：音夜。
〔26〕嗌：音益；咽喉。
〔27〕痸：音赤；痴呆。
〔28〕讠：音叫；呼叫。
〔29〕柝：音拓；古时巡夜敲击报更的木梆。
〔30〕藿：音轰。
〔31〕窫窳：音亚语。
〔32〕鲊：音贝。
〔33〕瀤：音怀。
〔34〕鰈：音早。
〔35〕狮：音辉。
〔36〕鮨：音义。
〔37〕鶗：音低。
〔38〕狕：音咬。

北次二山之首，在河之东，其首枕汾[1]，其名曰管涔[2]之山。其上无木而多草，其下多玉。汾水出焉，而西流注于河。

又西二百五十里，曰少阳之山，其上多玉，其下多赤银。酸水出焉，而东流注于汾水，其中多美赭。

又北五十里，曰县雍之山，其上多玉，其下多铜，其兽多闾[3]、麋，其鸟多白翟、白鹌[4]。晋水出焉，而东南流注于汾水。其中多鮆[5]鱼，其状如儵而赤鳞，其音如叱[6]，食之不骚。

又北二百里，曰狐岐之山，无草木，多青碧。胜水出焉，而东北流注于汾水，其中多苍玉。

又北三百五十里，曰白沙山，广员三百里，尽沙也，无草木鸟兽。鲔[7]水出于其上，潜于其下，是多白玉。

又北四百里，曰尔是之山，无草木，无水。

又北三百八十里，曰狂山，无草木。是山也，冬夏有雪。狂水出焉，而西流注于浮水，其中多美玉。

又北三百八十里，曰诸余之山，其上多铜、玉，其下多松、柏。诸余之水出焉，而东流注于旄水。

又北三百五十里，曰敦头之山，其上多金、玉，无草木。旄水出焉，而东流注于印泽。其中多騂[8]马，牛尾而白身，一角，其音如呼。

又北三百五十里，曰钩吾之山，其上多玉，其下多铜。有兽焉，其状如羊身人面，其目在腋下，虎齿人爪，其音如婴儿，名曰狍鸮[9]，是食人。

北三百里，曰北嚣之山，无石，其阳多玉。有兽焉，其状如虎，而白身犬首，马尾彘鬣，名曰独狢[10]。有鸟焉，其状如乌，人面，名曰鷩鶌[11]，宵飞而昼伏，食之已暍[12]。涔水出焉，而东流注于邛[13]泽。

又北三百五十里，曰梁渠之山，无草木，多金玉。修水出焉，而东流注于雁门，其兽多居暨，其状如汇[14]而赤毛，其音如豚[15]。有鸟焉，其状如夸父，四翼、一目、犬尾，名曰嚣，其音如鹊，食之已腹痛，可以止衕[16]。

又北四百里，曰姑灌之山，无草木。是山也，冬夏有雪。

又北三百八十里，曰湖灌之山，其阳多玉，其阴多碧，多马。湖灌之水出焉，而东流注于海，其中多䱻[17]。有木焉，其叶如柳而赤理。

又北水行五百里，流沙三百里，至于洹[18]山，其上多金、玉。三桑生之，其树皆无枝，其高百仞。百果树生之。其下多怪蛇。

又北三百里，曰敦题之山，无草木，多金、玉。是錞于北海。

凡北次二山之首，自管涔之山至于敦题之山，凡十七山，五千六百九十里。其神皆蛇身人面。其祠：毛用一雄鸡、彘瘗；用一璧一珪，投而不糈。

注释

〔1〕其首枕汾：山的头部枕着汾水。

〔2〕涔：音岑。

〔3〕闾：音驴；山驴。

〔4〕鸩：音有。

〔5〕鲎：音咨。

〔6〕叱：呵斥。

〔7〕鲔：音伟。

〔8〕騂：音勃。

〔9〕狍鸮：一说狍鸮即饕餮。
〔10〕狢：音玉。
〔11〕鵹鶓：音般冒。
〔12〕暍：音耶；中暑。
〔13〕邛：音琼。
〔14〕汇：刺猬。
〔15〕豚：小猪。
〔16〕衕：音洞；腹泻。
〔17〕䱇：音善；鳝鱼。
〔18〕洹：音环。

北次三山之首，曰太行之山。其首曰归山，其上有金玉，其下有碧。有兽焉，其状如麢羊而四角，马尾而有距，其名曰𩣡[1]，善还[2]，其名自训。有鸟焉，其状如鹊，白身、赤尾、六足，其名曰䴅[3]，是善惊[4]，其鸣自该。

又东北二百里，曰龙侯之山，无草木，多金、玉。决决[5]之水出焉，而东流注于河。其中多人鱼，其状如鯑[6]鱼，四足，其音如婴儿，食之无痴疾。

又东北二百里，曰马成之山，其上多文石，其阴多金、玉。有兽焉，其状如白犬而黑头，见人则飞，其名曰天马，其鸣自训。有鸟焉，其状如乌，首白而身青、足黄，是名曰鶌鶋[7]，其鸣自训，食之不饥，可以已寓[8]。

又东北七十里，曰咸山，其上有玉，其下多铜，是多松、柏，草多茈草。条菅[9]之水出焉，而西南流注于长泽。其中多器酸[10]，三岁一成，食之已疠。

又东北二百里，曰天池之山，其上无草木，多文石。有兽焉，其状如兔而鼠首，以其背飞，其名曰飞鼠。渑[11]水出焉，潜于其下，其中多黄垩。

又东三百里，曰阳山，其上多玉，其下多金、铜。有兽焉，其状如牛而赤尾，其颈腎[12]，其状如句[13]瞿，其名曰领胡，其鸣自该[14]，食之已狂。有鸟焉，其状如雌雉，而五采以文，是自为牝牡，名曰象蛇，其名自该。留水出焉，而南流注于河。其中有䱻[15]父之鱼，其状如鲋鱼，鱼首而彘身，食之已呕。

又东三百五十里，曰贲闻之山，其上多苍玉，其下多黄垩，多涅石。

又北百里，曰王屋之山，是多石。㴭[16]水出焉，而西北流注于泰泽。

又东北三百里，曰教山，其上多玉而无石。教水出焉，西流注于河，是水冬干而夏流，实惟干河。其中有两山。是山也，广员三百步，其名曰发丸之山，其上有金、玉。

又南三百里，曰景山，南望盐贩之泽，北望少泽。其上多草、藷芎[17]，其草多秦椒[18]，其阴多赭，其阳多玉。有鸟焉，其状如蛇，而四翼、六目、三足，名曰酸与，其鸣自设，见则其邑有恐。

又东南三百二十里，曰孟门之山，其上多苍玉，多金，其下多黄垩，多涅石。

又东南三百二十里，曰平山。平水出于其上，潜于其下，是多美玉。

又东二百里，曰京山，有美玉，多漆木，多竹，其阳有赤铜，其阴有玄砞[19]。高水出焉，南流注于河。

又东二百里，曰虫尾之山，其上多金、玉，其下多竹，多青碧。丹水出焉，南流注于河。薄水出焉，而东南流注于黄泽。

又东三百里，曰彭毗之山，其上无草木，多金、玉，其下多水。蚤林之水出焉，东南流注于河。肥水出焉，而南流注于床水，其中多肥遗之蛇。

又东百八十里，曰小侯之山。明漳之水出焉，南流注于黄泽。有鸟焉，其状如乌而白文，名曰鸪鸐[20]，食之不灂[21]。

又东三百七十里，曰泰头之山。共[22]水出焉，南流注于虖池[23]。其上多金、玉，其下多竹、箭。

又东北二百里，曰轩辕之山，其上多铜，其下多竹。有鸟焉，其状如枭而白首，其名曰黄鸟，其鸣自设，食之不妒。

又北二百里，曰谒戾之山，其上多松、柏，有金、玉。沁水出焉，南流注于河。其东有林焉，名曰丹林。丹林之水出焉，南流注于河。婴侯之水出焉，北流注于汜水。

东三百里，曰沮洳之山，无草木，有金玉。濝[24]水出焉，南流注于河。

又北三百里，曰神囷之山，其上有文石，其下有白蛇，有飞虫。黄水出焉，而东流注于洹；滏水出焉，而东流注于欧水。

又北二百里，曰发鸠之山，其上多柘[25]木。有鸟焉，其状如乌，文首、白喙、赤足，名曰精卫，其鸣自詨。是炎帝之少女名曰女娃，女娃游于东海，溺而不返，故为精卫。常衔西山之木石，以堙[26]于东海。漳水出焉，东流注于河。

又东北百二十里，曰少山，其上有金、玉，其下有铜。清漳之水出焉，东流注于浊漳之水。

又东北二百里，曰锡山，其上多玉，其下有砥。牛首之水出焉，而东流注于滏水。

又北二百里，曰景山，有美玉。景水出焉，东南流注于海泽。

又北百里，曰题首之山，有玉焉，多石，无水。

又北百里，曰绣山，其上有玉、青碧，其木多栒，其草多芍药、芎䓖。洧[27]水出焉，而东流注于河，其中有鳠[28]、黾[29]。

又北百二十里，曰松山。阳水出焉，东北流注于河。

又北百二十里，曰敦与之山，其上无草木，有金玉。溹[30]水出于其阳，而东流注于泰陆之水；泜[31]水出于其阴，而东流注于彭水；槐水出焉，而东流注于泜泽。

又北百七十里，曰柘山，其阳有金、玉，其阴有铁。历聚之水出焉，而北流注于洧水。

又北二百里，曰维龙之山，其上有碧玉，其阳有金，其阴有铁。肥水出焉，而东流注于皋泽，其中多礨[32]石。敞铁之水出焉，而北流注于大泽。

又北百八十里，曰白马之山，其阳多石、玉，其阴多铁，多赤铜。木马之水出焉，而东北流注于虖沱。

又北二百里，曰空桑之山，无草木，冬夏有雪。空桑之水出焉，东流注于虖沱。

又北三百里，曰泰戏之山，无草木，多金、玉。有兽焉，其状如羊，一角一目，目在耳后，其名曰㔶㔶[33]，其鸣自训。虖沱之水出焉，而东流注于溇[34]水。液女之水出于其阳，南流注于沁水。

又北三百里，曰石山，多藏金、玉。濩濩[35]之水出焉，而东流注于虖沱；鲜于之水出焉，而南流注于虖沱。

又北二百里，曰童戎之山。皋涂之水出焉，而东流注于溇液水。

又北三百里，曰高是之山。滋水出焉，而南流注于虖沱。其木多棕，其草多条。滱[36]水出焉，东流注于河。

又北三百里，曰陆山，多美玉。鄭[37]水出焉，而东流注于河。

又北二百里，曰沂[38]山。般[39]水出焉，而东流注于河。

北百二十里，曰燕山，多婴石[40]。燕水出焉，东流注于河。

又北山行五百里，水行五百里，至于饶山。是无草木，多瑶、碧，其兽多橐驼[41]，其鸟多鹠[42]。历虢之水出焉，而东流注于河，其中有师鱼，食之杀人。

又北四百里，曰乾[43]山，无草木，其阳有金玉，其阴有铁而无水。有兽焉，其状如牛而三足，其名曰獂[44]，其鸣自詨。

又北五百里，曰伦山。伦水出焉，而东流注于河。有兽焉，其状如麋，其州[45]在尾上，其名曰罴九。

又北五百里，曰碣石之山。绳水出焉，而东流注于河，其中多蒲夷之鱼。其上有玉，其下多青碧。

又北水行五百里，至于雁门之山，无草木。

又北水行四百里，至于泰泽。其中有山焉，曰帝都之山，广员百里，无草木，有金、玉。

又北五百里，曰錞于毋逢之山，北望鸡号之山，其风如飈[46]。西望幽都之山，浴水出焉。是有大蛇，赤首白身，其音如牛，见则其邑大旱。

凡北次三山之首，自太行之山以至于毋逢之山，凡四十六山，万二千三百五十里。其神状皆马身而人面者廿神。其祠之，皆用一藻珪瘗之。其十四神状皆彘身而载玉[47]。其祠之，皆玉，不瘗。其十神状皆彘身而八足蛇尾。其祠之，皆用一璧瘗之。大凡四十四神，皆用稌糈米祠之。此皆不火食。

右北经之山，凡八十七山，二万三千二百三十里。

注释

〔1〕䮝：音魂。

〔2〕还：音旋；盘旋而舞。

〔3〕䳅：音奔。

〔4〕善惊：容易惊觉，警惕性高。

〔5〕泆：音决。

〔6〕鯑：音蹄。

〔7〕䳜鶋：音屈居。

〔8〕寓：健忘症。

〔9〕菅：音尖。

〔10〕器酸：一种酸味食物。

〔11〕渑：音绳。

〔12〕腎：音甚；肉瘤。

〔13〕句：音沟。

〔14〕詨：通叫。

〔15〕䱔：音陷。

〔16〕溓：音联。

〔17〕藷藇：音薯豫；山药。

〔18〕秦椒：花椒。

〔19〕玄𥖨：𥖨，音肃；黑色砥石（磨刀石）。

〔20〕鸪鸐：音姑习。

〔21〕瀤：音叫；眼睛昏蒙。

〔22〕共：音工。

〔23〕虖池：音呼沱。

〔24〕濝：音其。

〔25〕柘木：柘，音这；柘树，桑科柘属。

〔26〕堙：音因；堵塞。

〔27〕洧：音伟。

〔28〕鳠：音护；类似鲇鱼。

〔29〕黾：音猛；蛙类动物，青色。

〔30〕溹：音索。

〔31〕泜：音支。

〔32〕礨石：礨，音磊；大石。

〔33〕䍶：音东。

〔34〕溇：音楼。

〔35〕濩：音或。

〔36〕滱：音寇。

〔37〕鄀：音姜。

〔38〕沂：音宜。

〔39〕般：音盘。

〔40〕婴石：美石，似玉。

〔41〕橐驼：音驼驼；骆驼。

〔42〕鹠：音留；鸺鹠。

〔43〕乾：音干。

〔44〕獂：音环。

〔45〕州：肛门。

〔46〕飃：音力；风急速貌。

〔47〕载玉：戴玉。

卷四　东山经

原文

东山之首，曰樕螽[1]之山，北临乾昧[2]。食水出焉，而东北流注于海。其中多鳙鳙[3]之鱼，其状如犁牛，其音如彘鸣。

又南三百里，曰藟[4]山，其上有玉，其下有金。湖水出焉，东流注于食水，其中多活师[5]。

又南三百里，曰栒状之山，其上多金、玉，其下多青碧石。有兽焉，其状如犬，六足，其名曰从从，其鸣自该。有鸟焉，其状如鸡而鼠尾，其名曰蚩[6]鼠，见则其邑大旱。沢[7]水出焉，而北流注于湖水。其中多箴鱼，其状如儵[8]，其喙如箴，食之无疫疾。

又南三百里，曰勃亝[9]之山，无草木，无水。

又南三百里，曰番条之山，无草木，多沙。減[10]水出焉，北流注于海，其中多鳡[11]鱼。

又南四百里，曰姑儿之山，其上多漆，其下多桑柘。姑儿之水出焉，北流注于海，其中多鳡鱼。

又南四百里，曰高氏之山，其上多玉，其下多箴石。诸绳之水出焉，东流注于泽，其中多金、玉。

又南三百里，曰岳山，其上多桑，其下多樗。泺[12]水出焉，东流注于泽，其中多金、玉。

又南三百里，曰犲[13]山，其上无草木，其下多水，其中多堪孖[14]之鱼。有兽焉，其状如夸父而彘毛，其音如呼，见则天下大水。

又南三百里，曰独山，其上多金、玉，其下多美石。末涂之水出焉，而东流注于沔，其中多偹蟰[15]，其状如黄蛇，鱼翼，出入有光，见则其邑大旱。

又南三百里，曰泰山，其上多玉，其下多金。有兽焉，其状如豚而有珠，名曰狪狪[16]，其鸣自叫。环水出焉，东流注于江，其中多水玉。

又南三百里，曰竹山，錞于江，无草木，多瑶、碧。激水出焉，而东流注于娶檀之水，其中多茈羸。

凡东山之首，自樕螽之山以至于竹山，凡十二山，三千六百里。其神状皆人身龙首。祠：毛用一犬祈，衈[17]用鱼。

注释

〔1〕樕螽：音速朱。
〔2〕乾昧：音干妹；山名。
〔3〕鳙：音庸。
〔4〕藟：音磊。
〔5〕活师：蝌蚪。
〔6〕蚩：音咨。
〔7〕识：音纸。
〔8〕儵：通倏，音条。
〔9〕𪉅：音齐。
〔10〕減：通減。
〔11〕鱤：音感。
〔12〕泺：音落。
〔13〕犲：通豺，音柴。
〔14〕矛：音续。
〔15〕儵鳙：音条颙。
〔16〕狪：音同。
〔17〕衈：音耳；祭祀前杀牲取血来涂祭器。

东次二山之首，曰空桑之山，北临食水，东望沮吴，南望沙陵，西望湣[1]泽。有兽焉，其状如牛而虎文，其音如钦[2]，其名曰軨軨[3]，其鸣自叫，见则天下大水。

又南六百里，曰曹夕之山，其下多榖，而无水，多鸟兽。

又西南四百里，曰峄[4]皋之山，其上多金、玉，其下多白垩。峄皋之水出焉，东流注于激女[5]之水，其中多蜃珧[6]。

又南水行五百里，流沙三百里，至于葛山之尾，无草木，多砥、砺。

又南三百八十里，曰葛山之首，无草木。澧[7]水出焉，东流注于余泽，其中多珠蟞[8]鱼，其状如肺而四目，六足有珠，其味酸甘，食之无疠。

又南三百八十里，曰余峨之山。其上多梓、柟，其下多荆、芑[9]。杂余之水出焉，东流注于黄水。有兽焉，其状如菟而鸟喙，鸱目蛇尾，见人则眠[10]，名曰犰狳[11]，其鸣自训，见则螽[12]蝗为败[13]。

又南三百里，曰杜父之山，无草木，多水。

又南三百里，曰耿山，无草木，多水碧[14]，多大蛇。有兽焉，其状如狐而鱼翼，其名曰朱獳[15]，其鸣自训，见则其国有恐。

又南三百里，曰卢其之山，无草木，多沙、石。沙水出焉，南流注于涔水，其中多鵹鹕[16]，其状如鸳鸯而人足，其鸣自训，见则其国多土功。

又南三百八十里，曰姑射之山，无草木，多水。

又南水行三百里，流沙百里，曰北姑射之山，无草木，多石。

又南三百里，曰南姑射之山，无草木，多水。

又南三百里，曰碧山，无草木，多大蛇，多碧、水玉。

又南五百里，曰缑[17]氏之山，无草木，多金玉。原水出焉，东流注于沙泽。

又南三百里，曰姑逢之山，无草木，多金玉。有兽焉，其状如狐而有翼，其音如鸿雁，其名曰獙獙[18]，见则天下大旱。

又南五百里，曰凫丽之山，其上多金、玉，其下多箴石。有兽焉，其状如狐，而九尾、九首、虎爪，名曰蛩蛭[19]，其音如婴儿，是食人。

又南五百里，曰䃌[20]山，南临䃌水，东望湖泽，有兽焉，其状如马而羊目、四角、牛尾，其音如嗥狗，其名曰峳峳[21]。见则其国多狡[22]客。有鸟焉，其状如凫而鼠尾，善登木，其名曰絜钩，见则其国多疫。

凡东次二山之首，自空桑之山至于䃌山，凡十七山，六千六百四十里。其神状皆兽身人面载觡[23]。其祠：毛用一鸡祈，婴用一璧瘗。

注释

〔1〕湣：音敏。

〔2〕钦：通吟。

〔3〕軨：音灵。

〔4〕峄：音亦。

〔5〕女：通汝。
〔6〕蜃珧：音甚摇；蚌蛤之类的软体动物。
〔7〕澧：音礼。
〔8〕鳖：通鳖。
〔9〕芑：通杞。
〔10〕眠：假死、装死。
〔11〕犰狳：音求余。
〔12〕螽：音终；蝗虫。
〔13〕败：危害庄稼。
〔14〕水碧：一种水玉。
〔15〕獳：音儒。
〔16〕鵹鶘：鵹，音黎；鹈鹕。
〔17〕缑：音钩。
〔18〕獙：音必。
〔19〕蛩蛭：音龙至。
〔20〕硜：音阴。
〔21〕峳：音由。
〔22〕狡：狡猾。
〔23〕觡：音格；麋鹿角。

东次三山之首，曰尸胡之山，北望殍[1]山，其上多金、玉，其下多棘。有兽焉，其状如麋而鱼目，名曰妴[2]胡，其鸣自训。

又南水行八百里，曰岐山，其木多桃、李，其兽多虎。

又南水行七百里，曰诸钩之山，无草木，多沙、石。是山也，广员百里，多寐鱼[3]。

又南水行七百里，曰中父之山，无草木，多沙。

又东水行千里，曰胡射之山，无草木，多沙、石。

又南水行七百里，曰孟子之山，其木多梓、桐，多桃、李，其草多菌蒲[4]，其兽多麋鹿。是山也，广员百里。其上有水出焉，名曰碧阳，其中多鳣、鲔。

又南水行五百里，曰流沙，行五百里，有山焉，曰跂踵[5]之山，广员二百里，无草木，有大蛇，其上多玉。有水焉，广员四十里，皆涌，其名曰深泽，其中多蠵[6]龟。有鱼焉，其状如鲤，而六足鸟尾，名曰鮯鮯[7]之鱼，其名自训。

又南水行九百里，曰踇隅[8]之山，其上多草木，多金、玉，多赭。有兽焉，其状如牛而马尾，名曰精精，其鸣自叫。

又南水行五百里，流沙三百里，至于无皋之山，南望幼海，东望榑木[9]，无草木，多风。是山也，广员百里。

凡东次三山之首，自尸胡之山至于无皋之山，凡九山，六千九百里。其神状皆人身而羊角。其祠：用一牡羊，糈用黍。是神也，见则风雨水为败。

注释

〔1〕殚：音详。

〔2〕娈：音晚。

〔3〕寐鱼：鲑（音味）鱼。

〔4〕菌蒲：野菜。

〔5〕跂踵：音企肿。

〔6〕蠵：音西。

〔7〕鲐：音革。

〔8〕踇隅：音母与。

〔9〕榑木：榑，音扶；扶桑。

东次四山之首，曰北号之山，临于北海。有木焉，其状如杨，赤华，其实如枣而无核，其味酸甘，食之不疟。食水出焉，而东北流注于海。有兽焉，其状如狼，赤首鼠目，其音如豚，名曰獦狚[1]，是食人。有鸟焉，其状如鸡而白首，鼠足而虎爪，其名曰鬿[2]雀，亦食人。

又南三百里，曰旄山，无草木。苍体之水出焉，而西流注于展水，其中多鱃鱼[3]，其状如鲤而大首，食者不疣[4]。

又南三百二十里，曰东始之山，上多苍玉。有木焉，其状如杨而赤理，其汁如血，不实，其名曰芑，可以服马[5]。泚水出焉，而东北流注于海，其中多美贝，多茈鱼，其状如鲋，一首而十身，其臭[6]如蘪芜，食之不糟[7]。

又东南三百里，曰女烝[8]之山，其上无草木。石膏水出焉，而西流注于鬲[9]水，其中多薄鱼，其状如鳣鱼而一目，其音如欧[10]，见则天下大旱。

又东南二百里，曰钦山，多金玉而无石。师水出焉，而北流注于皋泽，其中多鱃鱼，多文贝。有兽焉，其状如豚而有牙，其名曰当康，其鸣自叫，见则天下大穰。

又东南二百里，曰子桐之山。子桐之水出焉，而西流注于余如之泽。其中多鮹鱼，其状如鱼而鸟翼，出入有光，其音如鸳鸯，见则天下大旱。

又东北二百里，曰剡[11]山，多金、玉。有兽焉，其状如彘而人面，黄身而赤尾，其名曰合窳[12]，其音如婴儿。是兽也，食人，亦食虫蛇，见则天下大水。

又东北二百里，曰太山，上多金、玉，桢木[13]。有兽焉，其状如牛而白首，一目而蛇尾，其名曰蜚[14]，行水则竭，行草则死，见则天下大疫。钩水出焉，而北流注于劳水，其中多鳝鱼。

凡东次四山之首，自北号之山至于太山，凡八山，一千七百二十里。

右东经之山，凡四十六山，万八千八百六十里。

注释

〔1〕猲狚：音革旦。

〔2〕鬿：音齐。

〔3〕鳝鱼：鳝，音秋；泥鳅。

〔4〕疣：皮肤病，皮肤上长肉瘤。

〔5〕服马：（艺木的汁液涂在马身上）使马驯服。

〔6〕臭：音嗅；气味。

〔7〕糟：通屁。

〔8〕烝：音蒸。

〔9〕鬲：音隔。

〔10〕欧：通呕；呕吐。

〔11〕剡：音善。

〔12〕窳：音宇。

〔13〕桢木：女桢，一种灌木。

〔14〕蜚：音翡。

卷五 中山经

原文

中山薄山之首，曰甘枣之山，共水出焉，而西流注于河。其上多杻木。其下有草焉，葵本[1]而杏叶。黄华而荚实，名曰箨[2]，可以已瞢[3]。有兽焉，其状如鼣[4]鼠而文题[5]，其名曰難[6]，食之已瘿。

又东二十里，曰历儿之山，其上多橿，多栃[7]木，是木也，方茎而员叶，黄华而毛，其实如楝[8]，服之不忘。

又东十五里，曰渠猪之山，其上多竹，渠猪之水出焉，而南流注于河。其中是多豪鱼，状如鲔，而赤喙赤尾赤羽，可以已白癣。

又东三十五里，曰葱聋之山，其中多大谷，是多白垩，黑、青、黄垩。

又东十五里，曰涹[9]山，其上多赤铜，其阴多铁。

又东七十里，曰脱扈之山。有草焉，其状如葵叶而赤华，荚实，实如棕荚，名曰植楮，可以已癙[10]，食之不眯。

又东二十里，曰金星之山，多天婴，其状如龙骨，可以已痤[11]。

又东七十里，曰泰威之山。其中有谷，曰枭谷，其中多铁。

又东十五里，曰橿谷之山。其中多赤铜。

又东百二十里，曰吴林之山，其中多葌[12]草。

又北三十里，曰牛首之山。有草焉，名曰鬼草，其叶如葵而赤茎，其秀[13]如禾，服之不忧。劳水出焉，而西流注于潏[14]水，是多飞鱼，其状如鲋鱼，食之已痔衕[15]。

又北四十里，曰霍山，其木多楮。有兽焉，其状如狸，而白尾有鬣[16]，名曰朏朏[17]，养之可以已忧。

又北五十二里，曰合谷之山，是多薝[18]棘。

又北三十五里，曰阴山，多砺石、文石。少水出焉，其中多彫[19]棠，其叶如榆叶而方，其实如赤菽[20]，食之已聋。

又东北四百里，曰鼓镫之山，多赤铜。有草焉，名曰荣草，其叶如柳，其本如鸡卵，食之已风。

凡薄山之首，自甘枣之山至于鼓镫之山，凡十五山，六千六百七十里。历儿，冢也，其祠礼：毛，太牢之具；县[21]以吉玉。其余十三者，毛用一羊，县婴用桑封，瘗而不糈。桑封者，桑主也，方其下而锐其上，而中穿之加金。

注释

〔1〕本：根、茎。
〔2〕萚：音拓；草名。
〔3〕瞢：音萌；眼睛看不清的病症。
〔4〕鴆：音毁。
〔5〕题：额头。
〔6〕𪄀：音挪。
〔7〕栃：音厉。
〔8〕楝：音练；落叶乔木。
〔9〕浽：音窝。
〔10〕癙：音鼠；瘘管病。
〔11〕痤：痤疮。
〔12〕蕠草：蕠，音尖；茅草。
〔13〕秀：植物的花朵。
〔14〕潏：音决。
〔15〕痔衕：痔疮。
〔16〕鬣：音列；脖子上的长毛。
〔17〕朏：音匪。
〔18〕蘑：音詹。
〔19〕彫：音雕。
〔20〕菽：音叔；豆类的总称。
〔21〕县：通悬。

中次二山济山之首，曰辉诸之山，其上多桑，其兽多闾、麋，其鸟多鹖[1]。

又西南二百里，曰发视之山，其上多金、玉，其下多砥、砺。即鱼之水出焉，而西流注于伊水。

又西三百里，曰豪山，其上多金、玉而无草木。

又西三百里，曰鲜山，多金玉，无草木。鲜水出焉，而北流注于伊水。其中多鸣蛇，其状如蛇而四翼，其音如磬[2]，见则其邑大旱。

又西三百里，曰阳山，多石，无草木。阳水出焉，而北流注于伊水。其中多化蛇，其状如人面而豺身，鸟翼而蛇行[3]，其音如叱呼，见则其邑大水。

又西二百里，曰昆吾之山，其上多赤铜。有兽焉，其状如彘而有角，其音如号，名曰蚳蛭，食之不眯。

又西百二十里，曰葌山。葌水出焉，而北流注于伊水，其上多金、玉，其下多青雄黄。有木焉，其状如棠而赤叶，名曰芒草，可以毒鱼。

又西一百五十里，曰蔓渠之山，其上多金、玉，其下多竹、箭。伊水出焉，而东流注于洛。有兽焉，其名曰马腹，其状如人面虎身，其音如婴儿，是食人。

凡济山之首，自辉诸之山至于蔓渠之山，凡九山，一千六百七十里。其神皆人面而鸟身。祠用毛，用一吉玉，投而不糈。

注释

〔1〕鹖：音河；鹖鸡，生性好斗。

〔2〕磬：音庆；一种打击乐器。

〔3〕蛇行：像蛇一样蜿蜒前行。

中次三山萯[1]山之首，曰敖岸之山，其阳多㻬琈之玉，其阴多赭、黄金。神熏池居之。是常出美玉。北望河林，其状如茜如举[2]。有兽焉，其状如白鹿而四角，名曰夫诸，见则其邑大水。

又东十里，曰青要之山，实惟帝之密都。北望河曲，是多驾[3]鸟。南望墠[4]渚，禹父之所化，中多仆累[5]、蒲卢[6]。䰠[7]武罗司之，其状人面而豹文，小要[8]而白齿，而穿耳以鐻[9]，其鸣如鸣玉。是山也，宜女子。畛[10]水出焉，而北流注于河。其中有鸟焉，名曰鴢[11]，其状如凫，青身而朱目赤尾，食之宜子。有草焉，其状如葌，而方茎黄华赤实，其本如藁本[12]，名曰荀草[13]，服之美人色。

又东十里，曰騩山，其上有美枣，其阴有㻬琈之玉。正回之水出焉，而北流注于河。其中多飞鱼，其状如豚而赤文，服之不畏雷，可以御兵。

又东四十里，曰宜苏之山，其上多金、玉，其下多蔓居之木。滽滽[14]之水出焉，而北流注于河，是多黄贝。

又东二十里，曰和山，其上无草木而多瑶、碧，实惟河之九都[15]。是山也五曲[16]，九水出焉，合而北流注于河，其中多苍玉。吉神泰逢司之，其状如人而虎尾，是好居于萯山之阳，出入有光。泰逢神动天地气也。

凡萯山之首，自敖岸之山至于和山，凡五山，四百四十里。其祠：泰逢、熏池、武罗皆一牡羊副[17]，婴用吉玉。其二神用一雄鸡瘗之，糈用稌。

注释

〔1〕萯：音倍。

〔2〕如茜如举：茜，音欠，即茜草，可做染料；举，即榉柳，落叶乔木。

〔3〕驾鸟：驾，音加；或为駕鹅，即野鹅。

〔4〕墠：音善。

〔5〕仆累：蜗牛。

〔6〕蒲卢：软体动物，蛤蚌之类。一说蒲卢与仆累为同类之物，因蒲卢与仆累读音相近。

〔7〕䰠：音神。

〔8〕要：通腰。

〔9〕鐻：音渠；耳环。

〔10〕眕：音诊。

〔11〕鴢：音咬。

〔12〕藁本：藁，音稿；一种药草。

〔13〕荀草：或者叫苞草。

〔14〕滽：音庸。

〔15〕河之九都：九条河的发源地。

〔16〕五曲：曲回五重。

〔17〕副：音批；剖开。

中次四山厘山之首，曰鹿蹄之山，其上多玉，其下多金。甘水出焉，而北流注于洛，其中多泠[1]石。

西五十里，曰扶猪之山，其上多礝石[2]。有兽焉，其状如貉[3]而人目，其名曰麐[4]。虢水出焉，而北流注于洛，其中多瑌石[5]。

又西一百二十里，曰厘山，其阳多玉，其阴多蒐[6]。有兽焉，其状如牛，苍身，其音如婴儿，是食人，其名曰犀渠。滽滽之水出焉，而南流注于伊水。有兽焉，名曰獭[7]，其状如獳（nòu）犬而有鳞，其毛如彘鬣。

又西二百里，曰箕尾之山，多穀，多涂石，其上多㻬琈之玉。

又西二百五十里，曰柄山，其上多玉，其下多铜。滔雕之水出焉，而北流注于洛。其中多羬羊。有木焉，其状如樗，其叶如桐而荚实，其名曰茇[8]，可以毒鱼。

又西二百里，曰白边之山，其上多金、玉，其下多青雄黄。

又西二百里，曰熊耳之山，其上多漆，其下多棕。浮濠之水出焉，而西流注于洛，其中多水玉，多人鱼。有草焉，其状如苏而赤华，名曰葶苧[9]，可以毒鱼。

又西三百里，曰牡山，其上多文石，其下多竹箭、竹䉋，其兽多㸲牛、羬羊，鸟多赤鷩[10]。

又西三百五十里，曰讙举之山。雒[11]水出焉，而东北流注于玄扈之水，其中多马肠[12]之物。此二山者，洛间也[13]。

凡厘山之首，自鹿蹄之山至于玄扈之山，凡九山，千六百七十里。其神状皆人面兽身。其祠之，毛用一白鸡，祈而不糈，以采衣[14]之。

注释

〔1〕泠：音赣。

〔2〕碝石：碝，音软；一种矿石。

〔3〕貉：音合；外形像狐狸，昼伏夜出，俗称貉子。

〔4〕麐：音银。

〔5〕瑌石：瑌，音软；即上文所述碝石。

〔6〕蒐：音搜；即茜草。

〔7〕獬：音携。

〔8〕茇：音拔；古树名。

〔9〕葶苧：音亭宁；毒草名。

〔10〕赤鷩：鷩，音必；山鸡的一种。

〔11〕雒：音洛。

〔12〕马肠：兽名；一说马肠即为上文的马腹。

〔13〕洛间也：指讙举、玄扈二山夹在洛水间。

〔14〕衣：覆盖、包裹。

中次五山薄山之首，曰苟林之山，无草木，多怪石。

东三百里，曰首山，其阴多穀、柞，其草多茉、芫[1]，其阳多㻬琈之玉，木多槐。其阴有谷，曰机谷，多䳜[2]鸟，其状如枭而三目，有耳，其音如录[3]，食之已垫[4]。

又东三百里，曰县斸[5]之山，无草木，多文石。

又东三百里，曰葱聋之山，无草木，多摩[6]石。

东北五百里，曰条谷之山，其木多槐、桐，其草多芍药、门冬。

又北十里，曰超山，其阴多苍玉，其阳有井，冬有水而夏竭。

又东五百里，曰成侯之山，其上多櫄木[7]，其草多艽[8]。

又东五百里，曰朝歌之山，谷多美垩。

又东五百里，曰槐山，谷多金锡。

又东十里，曰历山，其木多槐，其阳多玉。

又东十里，曰尸山，多苍玉，其兽多麖[9]。尸水出焉，南流注于洛水，其中多美玉。

又东十里，曰良余之山，其上多穀、柞，无石。余水出于其阴，而北流注于河；乳水出于其阳，而东南流注于洛。

又东南十里，曰蛊尾之山，多砺石、赤铜。龙余之水出焉，而东南流注于洛。

又东北二十里，曰升山，其木其多穀、柞、棘，其草多藷藇、蕙[10]，多寇脱[11]。黄酸之水出焉，而北流注于河，其中多璇玉。

又东二十里，曰阳虚之山，多金，临于玄扈之水。

凡薄山之首，自苟林之山至于阳虚之山，凡十六山，二千九百八十二里。升山，冢也，其祠礼：太牢，婴用吉玉。首山，䰠也，其祠用稌、黑牺太牢[12]之具、糵酿[13]；干儛[14]，置鼓[15]；婴用一璧。尸水，合天也[16]，肥牲祠之；用一黑犬于上，用一雌鸡于下，刉[17]一牝羊，献血。婴用吉玉，采之，飨之。

注释

〔1〕茱、芫：茱，音竹，即山蓟，药材，分为白术和苍术；芫，音元，即芫华，药材。
〔2〕䟘：音带。
〔3〕碌：通鹿。
〔4〕垫：一种湿病。
〔5〕䴅：音竹。
〔6〕痽：音棒。
〔7〕櫄木：櫄，音春；即椿树。
〔8〕艽：音交；即秦艽，一种药材。
〔9〕麖：音京；鹿的一种，体形较大。
〔10〕蕙：香草名。
〔11〕寇脱：一种长于南方的草。
〔12〕黑牺太牢：黑色牲畜的太牢，太牢即牛、羊、猪。
〔13〕蘖酿：蘖，音孽；即用蘖作酒曲酿造的酒。
〔14〕干儛：儛，音舞；手持盾牌起舞。
〔15〕置鼓：击鼓，以配合干儛。
〔16〕尸水，合天也：尸水，上通到天界。
〔17〕刉：音机；切割。

中次六山缟羝〔1〕**山之首**，曰平逢之山，南望伊洛，东望谷城之山，无草木，无水，多沙、石。有神焉，其状如人而二首，名曰骄虫，是为螫虫〔2〕，实惟蜂蜜之庐〔3〕。其祠之：用一雄鸡，禳〔4〕而勿杀。

西十里，曰缟羝之山，无草木，多金、玉。

又西十里，曰廆〔5〕山，其阴多㻬琈之玉。其西有谷焉，名曰雚〔6〕谷，其木多柳楮。其中有鸟焉，状如山鸡而长尾，赤如丹火而青喙，名曰鸰鹦〔7〕，其鸣自呼，服之不眯。交觞之水出于阳，而南流于洛；俞随之水出于其阴，而北流注于谷水。

又西三十里，曰瞻诸之山，其阳多金，其阴多文石。㴲〔8〕水出焉，而东南流注于洛；少水出其阴，而东流注于谷水。

又西三十里，曰娄涿之山，无草木，多金、玉。瞻水出于其阳，而东流注于洛；陂〔9〕水出于其阴，而北流注于谷水，其中多茈石、文石。

又西四十里，曰白石之山。惠水出于其阳，而南流注于洛，其中多水玉。涧水出于其阴，西北流注于谷水，其中多麋石〔10〕、栌丹〔11〕。

又西五十里，曰谷山，其上多榖，其下多桑。爽水出焉，而西北流注于谷水，其中多碧绿[12]。

又西七十二里，曰密山，其阳多玉，其阴多铁。豪水出焉，而南流注于洛，其中多旋龟，其状鸟首而鳖尾，其音如判木。无草木。

又西百里，曰长石之山，无草木，多金、玉。其西有谷焉，名曰共谷，多竹。共水出焉，西南流注于洛，其中多鸣石。

又西一百四十里，曰傅山，无草木，多瑶、碧。厌染之水出于其阳，而南流注于洛，其中多人鱼。其西有林焉，名曰墦[13]冢。谷水出焉，而东流注于洛，其中多珚[14]玉。

又西五十里，曰橐[15]山，其木多樗，多𣟴[16]木，其阳多金玉，其阴多铁，多萧。橐水出焉，而北流注于河。其中多修辟之鱼，状如黾[17]而白喙，其音如鸱，食之已白癣。

又西九十里，曰常烝之山，无草木，多垩。潐[18]水出焉，而东北流注于河，其中多苍玉。菑[19]水出焉，而北流注于河。

又西九十里，曰夸父之山，其木多棕、枏，多竹、箭，其兽多㸲牛、羬羊，其鸟多赤鷩，其阳多玉，其阴多铁。其北有林焉，名曰桃林，是广员三百里，其中多马。湖水出焉，而北流注于河，其中多珚玉。

又西九十里，曰阳华之山，其阳多金、玉，其阴多青雄黄，其草多藷萸，多苦辛，其状如棣[20]，其实如瓜，其味酸甘，食之已疟[21]。杨水出焉，而西南流注于洛，其中多人鱼。门水出焉，而东北流注于河，其中多玄䃌。缙[22]姑之水出于其阴，而东流注于门水，其上多铜。门水出于河，七百九十里入雒水。

凡缟羝山之首，自平逢之山至于阳华之山，凡十四山，七百九十里。岳[23]在其中，以六月祭之，如诸岳之祠法，则天下安宁。

注释

〔1〕缟羝：音稿低。
〔2〕螫虫：螫，音式；即长有毒刺能蜇人的昆虫。
〔3〕庐：居住之所。
〔4〕禳：消灾的祭祀。
〔5〕瑰：音归。
〔6〕雚：音贯。
〔7〕鸰鹦：音铃腰。
〔8〕澍：音谢。
〔9〕陂：音杯。
〔10〕麋石：或为画眉石。
〔11〕栌丹：或为黑色丹砂。
〔12〕碧绿：或为孔雀石。
〔13〕墦：音凡。
〔14〕珚：音烟。
〔15〕橐：音驼。
〔16〕構：音倍。
〔17〕黾：音猛；蛙类动物，青色。
〔18〕潐：音桥。
〔19〕菑：音兹。
〔20〕橚：通楸；即楸树。
〔21〕疟：疟疾。
〔22〕猎：音及。
〔23〕岳：泛指高大的山岳。

中次七山苦山之首，曰休与之山。其上有石焉，名曰帝台〔1〕之棋，五色而文，其状如鹑卵，帝台之石，所以祷百神〔2〕者也，服之不蛊。有草焉，其状如蓍〔3〕，赤叶而本丛生。名曰夙条，可以为簳〔4〕。

东三百里，曰鼓钟之山，帝台之所以觞〔5〕百神也。有草焉，方茎而黄华，员叶而三成〔6〕，其名曰焉酸，可以为毒。其上多砺，其下多砥。

又东二百里，曰姑媱〔7〕之山。帝女死焉，其名曰女尸，化为䔄〔8〕草，其叶胥〔9〕成，其华黄，其实如菟丘〔10〕，服之媚于人〔11〕。

又东二十里，曰苦山。有兽焉，名曰山膏，其状如豚，赤若丹火，善詈〔12〕。其上有木焉，名曰黄棘，黄华而员叶，其实如兰，服之不字〔13〕。有草焉，员叶而无茎，赤华而不实，名曰无条，服之不瘿。

又东二十七里，曰堵山，神天愚居之，是多怪风雨。其上有木焉，名曰天楄〔14〕，方茎而葵状，服者不哽〔15〕。

又东五十二里，曰放皋之山。明水出焉，南流注于伊水，其中多苍玉。有木焉，其叶如槐，黄华而不实，其名曰蒙木，服之不惑。有兽焉，其状如蜂，枝尾而反舌，善呼，其名曰文文。

又东五十七里，曰大苦之山，多㻬琈之玉，多麋玉。有草焉，其状叶如榆，方茎而苍伤[16]，其名曰牛伤[17]，其根苍文，服者不厥[18]，可以御兵。其阳狂水出焉，西南流注于伊水，其中多三足龟，食者无大疾，可以已肿。

又东七十里，曰半石之山。其上有草焉，生而秀[19]，其高丈余，赤叶赤华，华而不实，其名曰嘉荣，服之者不畏霆。来需之水出于其阳，而西流注于伊水，其中多鲶[20]鱼，黑文，其状如鲋，食者不睡。合水出于其阴，而北流注于洛，多䲢[21]鱼，状如鳜[22]，居逵[23]，苍文赤尾，食者不痈，可以为瘘。

又东五十里，曰少室之山，百草木成囷[24]。其上有木焉，名曰帝休，叶状如杨，其枝五衢[25]，黄华黑实，服者不怒。其上多玉，其下多铁。休水出焉，而北流注于洛，其中多䱱鱼，状如盩蜼[26]而长距，足白而对，食者无蛊疾，可以御兵。

又东三十里，曰泰室之山。其上有木焉，叶状如梨而赤理，其名曰栯[27]木，服者不妒。有草焉，其状如茱，白华黑实，泽如蘡薁[28]，其名曰䔄草，服之不眯[29]。上多美石。

又北三十里，曰讲山，其上多玉，多柘，多柏。有木焉，名曰帝屋，叶状如椒，反伤赤实，可以御凶。

又北三十里，曰婴梁之山，上多苍玉，錞[30]于玄石。

又东三十里，曰浮戏之山。有木焉，叶状如樗而赤实，名曰亢木，食之不蛊。汜[31]水出焉，而北流注于河。其东有谷，因名曰蛇谷，上多少辛[32]。

又东四十里，曰少陉之山。有草焉，名曰䓘[33]草，叶状如葵，而赤茎白华，实如蘡薁，食之不愚。器难之水出焉，而北流注于役水。

又东南十里，曰太山。有草焉，名曰梨，其叶状如荻[34]而赤华，可以已疽。太水出于其阳，而东南流注于役水；承水出于其阴，而东北流注于役。

又东二十里，曰末山，上多赤金。末水出焉，北流注于役。

又东二十五里，曰役山，上多白金，多铁。役水出焉，北流注于河。

又东三十五里，曰敏山。上有木焉，其状如荆，白华而赤实，名曰葪柏[35]，服者不寒。其阳多㻬琈之玉。

又东三十里，曰大騩之山，其阴多铁、美玉、青垩。有草焉，其状如蓍而毛，青华而白实，其名曰䔄[36]，服之不夭[37]，可以为腹病。

凡苦山之首，自休与之山至于大騩之山，凡十有九山，千一百八十四里。其十六神者，皆豕身而人面。其祠：毛牷用一羊羞，婴用一藻玉瘗。苦山、少室、太室皆冢也，其祠之：太牢之具，婴以吉玉。其神状皆人面而三首，其余属皆豕身而人面也。

注释

〔1〕帝台：神人名。
〔2〕祷百神：向百神祈祷。
〔3〕蓍：音师；即蓍草。
〔4〕簳：音敢；即箭杆。
〔5〕觞：进酒、宴请。
〔6〕成：层、重。
〔7〕媱：音摇。
〔8〕䔄：音摇。
〔9〕胥：聚集。
〔10〕菟丘：菟丝子。
〔11〕媚于人：为人所爱。
〔12〕詈：音立；辱骂。
〔13〕字：生育。
〔14〕楄：音编。
〔15〕噎：通噎。
〔16〕苍伤：伤即刺，苍伤即青色的刺。
〔17〕牛伤：牛棘。
〔18〕厥：昏厥。
〔19〕生而秀：一开始生长即抽穗开花。
〔20〕鲶：音伦。
〔21〕螣：音腾。
〔22〕鳜：音桂；鳜鱼。
〔23〕逵：水中之穴道交通者。
〔24〕囷：圆形的仓库。
〔25〕衢：音渠；交错。
〔26〕鳌雄：音周位；类似猕猴的野兽。
〔27〕栯：音有。
〔28〕蘡薁：音婴玉；落叶藤木，或为山葡萄。
〔29〕眯：梦魇。
〔30〕䓊：通蹲；引申为依附之意。
〔31〕汜：音四。
〔32〕少辛：又名细辛，一种草药。
〔33〕岗：音刚。
〔34〕萩：音秋；蒿类植物。
〔35〕葪：通蓟，音计。
〔36〕䔄：通莨，音很。
〔37〕夭：夭折。

中次八山荆山之首，曰景山，其上多金、玉，其木多杼[1]、檀。雎[2]水出焉，东南流注于江，其中多丹粟，多文鱼。

东北百里，曰荆山，其阴多铁，其阳多赤金，其中多犛[3]牛，多豹、虎，其木多松、柏，其草多竹，多橘、櫾[4]。漳水出焉，而东南流注于雎，其中多黄金，多鲛[5]鱼。其兽多闾、麋。

又东北百五十里，曰骄山，其上多玉，其下多青雘，其木多松、柏，多桃枝、钩端，神蟲[6]围处之，其状如人而羊角虎爪，恒游于雎漳之渊，出入有光。

又东北百二十里，曰女几之山，其上多玉，其下多黄金，其兽多豹、虎，多闾、麋、麖、麂[7]，其鸟多白鵺[8]，多翟，多鸩。

又东北二百里，曰宜诸之山，其上多金、玉，其下多青雘。洈[9]水出焉，而南流注于漳，其中多白玉。

又东北三百五十里，曰纶山，其木多梓、枏，多桃枝，多柤、栗、橘、櫾，其兽多闾、麈[10]、麢、臭[11]。

又东北二百里，曰陆鄃[12]之山，其上多㻬琈之玉，其下多垩，其木多杻、橿。

又东百三十里，曰光山，其上多碧，其下多水。神计蒙处之，其状人身而龙首，恒游于漳渊，出入必有飘风暴雨。

又东北百五十里，曰岐山，其阳多赤金，其阴多白珉[13]，其上多金、玉，其下多青雘，其木多樗。神涉蟲处之，其状人身而方面三足。

又东百三十里，曰铜山，其上多金、银、铁，其木多榖、柞、柤、粟、橘、櫾，其兽多犳[14]。

又东北一百里，曰美山，其兽多兕牛，多闾、麈，多豕、鹿，其上多金，其下青雘。

又东北百里，曰大尧之山，其木多松、柏，多梓、桑，多机[15]，其草多竹，其兽多豹、虎、麢、㚢。

又东北三百里，曰灵山，其上多金、玉，其下多青雘，其木多桃、李、梅、杏。

又东北七十里，曰龙山，上多寓木[16]，其上多碧，其下多赤锡，其草多桃枝、钩端。

又东南五十里，曰衡山，上多寓木、穀、柞，多黄垩、白垩。

又东南七十里，曰石山，其上多金，其下多青雘，多寓木。

又南百二十里，曰若山，其上多㻬琈之玉，多赭，多封石，多寓木，多柘。

又东南一百二十里，曰彘山，多美石，多柘。

又东南一百五十里，曰玉山，其上多金、玉，其下多碧、铁，其木多柏。

又东南七十里，曰讙山，其木多檀，多封石，多白锡。郁水出于其上，潜于其下，其中多砥、砺。

又东北百五十里，曰仁举之山，其木多穀、柞，其阳多赤金，其阴多赭。

又东五十里，曰师每之山，其阳多砥、砺，其阴多青雘，其木多柏，多檀，多柘，其草多竹。

又东南二百里，曰琴鼓之山，其木多穀、柞、椒[17]、柘，其上多白珉，其下多洗石，其兽多豕、鹿，多白犀，其鸟多鸩。

凡荆山之首，自景山至琴鼓之山，凡二十三山，二千八百九十里。其神状皆鸟身而人面。其祠：用一雄鸡祈瘗，用一藻圭，糈用稌。骄山，冢也，其祠：用羞酒少牢祈瘗，婴用一璧。

注释

〔1〕杼：音柱；即栎树。

〔2〕雎：音居。

〔3〕犛牛：犛，音毛；或为牦牛。

〔4〕櫾：通柚。

〔5〕鲛鱼：鲛，音交；即鲨鱼。

〔6〕鼍：音驼。

〔7〕麂：体形较小的鹿类。

〔8〕鴢：音骄。

〔9〕浘：音维。

〔10〕麈：音主；鹿类动物。

〔11〕㚟：音绰；似兔而鹿足，青色。

〔12〕郈：音鬼。

〔13〕白珉：珉，音民；一种似玉美石。

〔14〕犳：音卓。

〔15〕机：桤木，落叶乔木。

〔16〕寓木：又名宛童（见《尔雅》），一种寄生在其他树木上的植物。

〔17〕椒：一种矮小丛生的树。

中次九山岷山之首，曰女几之山，其上多石涅，其木多杻、橿，其草多菊、苿。洛水出焉，东注于江，其中多雄黄，其兽多虎、豹。

又东北三百里，曰岷山。江水出焉，东北流注于海，其中多良龟，多鼍[1]。其上多金、玉，其下多白珉，其木多梅、棠，其兽多犀、象，多夔牛[2]，其鸟多翰、鷩[3]。

又东北一百四十里，曰崃山。江水出焉，东流注大江。其阳多黄金，其阴多麋、麈，其木多檀、柘，其草多薤[4]、韭，多药[5]、空夺[6]。

又东一百五十里，曰崌[7]山。江水出焉，东流注于大江，其中多怪蛇，多鰲[8]鱼，其木多楢[9]、杻，多梅、梓，其兽多夔牛、麢、㚟、犀、兕。有鸟焉，状如鸮而赤身白首，其名曰窃脂，可以御火。

又东三百里，曰高梁之山，其上多垩，其下多砥、砺，其木多桃枝、钩端。有草焉，状如葵而赤华、荚实、白柎，可以走马。

又东四百里，曰蛇山，其上多黄金，其下多垩，其木多栒，多豫章，其草多嘉荣、少辛。有兽焉，其状如狐，而白尾长耳，名㹢[10]狼，见则国内有兵。

又东五百里，曰鬲山，其阳多金，其阴多白珉。蒲鹳[11]之水出焉，而东流注于江，其中多白玉。其兽多犀、象、熊、罴，多猨蜼[12]。

又东北三百里，曰隅阳之山，其上多金、玉，其下多青雘，其木多梓、桑，其草多茈。徐之水出焉，东流注于江，其中多丹粟。

又东二百五十里，曰岐山，其上多白金，其下多铁，其木多梅、梓，多杻、楢。减水出焉，东南流注于江。

又东三百里，曰勾檷[13]之山，其上多玉，其下多黄金，其木多栎、柘，其草多芍药。

又东一百五十里，曰风雨之山，其上多白金，其下多石涅，其木多椒、椫[14]，多杨。宣余之水出焉，东流注于江，其中多蛇，其兽多闾、麋，多麈、豹、虎，其鸟多白鷮。

又东北二百里，曰玉山，其阳多铜，其阴多赤金，其木多豫章、楢、杻，其兽多豕、鹿、麢、㚟，其鸟多鸩。

又东一百五十里，曰熊山。有穴焉，熊之穴，恒出入神人。夏启而冬闭，是穴也，冬启乃必有兵。其上多白玉，其下多白金，其木多樗柳，其草多寇脱。

又东一百四十里，曰騩山，其阳多美玉、赤金，其阴多铁，其木多桃枝、荆、芑。

又东二百里，曰葛山，其上多赤金，其下多瑊[15]石，其木多柤、栗、橘、櫾、楢、杻，其兽多麢、㚟，其草多嘉荣。

又东一百七十里，曰贾超之山，其阳多黄垩，其阴多美赭，其木多柤、栗、橘、櫾，其中多龙修[16]。

凡岷山之首，自女几山至于贾超之山，凡十六山，三千五百里。其神状皆马身而龙首。其祠：毛用一雄鸡瘗，糈用稌。文山、勾檷、风雨、騩山，是皆冢也，其祠之：羞酒[17]，少牢具，婴用一吉玉。熊山，帝也，其祠：羞酒，太牢具，婴用一璧。干儛，用兵以禳；祈，璆[18]冕舞。

注释

〔1〕鼍：音驼；扬子鳄。

〔2〕夔牛：大牛，重数千斤。

〔3〕翰、鷩：白翰、赤鷩。

〔4〕薤：音谢；一种山野菜。

〔5〕药：白芷。

〔6〕空夺：寇脱。

〔7〕崌：音居。

〔8〕蛰：音质。

〔9〕楢：音由；刚木（木质坚硬的树木），可做车辆。

〔10〕㹕：音以。

〔11〕鷎：音轰。

〔12〕猨蜼：猿猴和长尾猴。

〔13〕檷：音米。

〔14〕棷、椫：棷，音邹，棷木；椫，音善，白理木，长有白色纹理。

〔15〕瑊：音尖。

〔16〕龙修：龙须草。

〔17〕羞酒：先进酒以酹（音类，把酒洒在地上以示祭奠）神。

〔18〕璆：通球；一种美玉。

中次十山之首，曰首阳之山，其上多金、玉，无草木。

又西五十里，曰虎尾之山，其木多椒、椐，多封石，其阳多赤金，其阴多铁。

又西南五十里，曰繁缋[1]之山，其木多楢、杻，其草多枝勾[2]。

又西南二十里，曰勇石之山，无草木，多白金，多水。

又西二十里，曰复州之山，其木多檀，其阳多黄金。有鸟焉，其状如鸮，而一足彘尾，其名曰跂踵，见则其国大疫。

又西三十里，曰楮山，多寓木，多椒、椐，多柘，多垩。

又西二十里，曰又原之山，其阳多青雘，其阴多铁，其鸟多鸜鹆[3]。

又西五十里，曰涿山，其木多榖、柞、杻，其阳多㻬琈之玉。

又西七十里，曰丙山，其木多梓、檀，多弞杻[4]。

凡首阳山之首，自首山至于丙山，凡九山，二百六十七里。其神状皆龙身而人面。其祠之：毛用一雄鸡瘗，糈用五种之糈[5]。堵山，冢也，其祠之：少牢具，羞酒祠，婴用一璧瘗。騩山，帝也，其祠：羞酒，太牢具；合巫祝[6]二人儛，婴一璧。

注释

〔1〕缋：音绘。

〔2〕枝勾：桃枝竹和钩端竹。

〔3〕鸜鹆：即鸲鹆，八哥。

〔4〕弞杻：弞，音审，长；弞杻即长而直的杻树。

〔5〕五种之糈：黍、稷、稻、粱、麦。

〔6〕巫祝：巫师和祝师。

中次一十一山荆山之首，曰翼望之山。湍[1]水出焉，东流注于济；贶[2]水出焉，东南流注于汉，其中多蛟。其上多松、柏，其下多漆[3]、梓，其阳多赤金，其阴多珉。

又东北一百五十里，曰朝歌之山。潕[4]水出焉，东南流注于荥，其中多人鱼。其上多梓、柟，其兽多麢、麋。有草焉，名曰莽草，可以毒鱼。

又东南二百里，曰帝囷之山，其阳多㻬琈之玉，其阴多铁。帝囷之水出于其上，潜于其下，多鸣蛇。

又东南五十里，曰视山，其上多韭。有井焉，名曰天井，夏有水，冬竭。其上多桑，多美垩、金、玉。

又东南二百里，曰前山，其木多槠[5]，多柏，其阳多金，其阴多赭。

又东南三百里，曰丰山，有兽焉，其状如蝯[6]，赤目、赤喙、黄身，名曰雍和，见则国有大恐。神耕父处之，常游清泠[7]之渊，出入有光，见则其国为败。有九钟焉，是和霜鸣[8]。其上多金，其下多榖、柞、杻、橿。

又东北八百里，曰兔床之山，其阳多铁，其木多槠、芧[9]，其草多鸡榖，其本如鸡卵，其味酸甘，食者利于人。

又东六十里，曰皮山，多垩，多赭，其木多松、柏。

又东六十里，曰瑶碧之山，其木多梓、柟，其阴多青雘，其阳多白金。有鸟焉，其状如雉，恒食蜚[10]，名曰鸩。

又东四十里，曰攻离之山。济水出焉，南流注于汉。有鸟焉，其名曰婴勺，其状如鹊，赤目、赤喙、白身，其尾若勺[11]，其鸣自呼。多㸲牛，多羬羊。

又东北五十里，曰袟筒[12]之山，其上多松、柏、机桓[13]。

又西北一百里，曰堇理之山，其上多松柏，多美梓，其阴多丹雘，多金，其兽多豹、虎。有鸟焉，其状如鹊，青身白喙，白目白尾，名曰青耕，可以御疫，其鸣自叫。

又东南三十里，曰依轱[14]之山，其上多杻、橿，多苴[15]。有兽焉，其状如犬，虎爪有甲，其名曰獜[16]，善驶坌[17]，食者不风[18]。

又东南三十五里，曰即谷之山，多美玉，多玄豹，多闾、麈，多麢、㚟。其阳多珉，其阴多青雘。

又东南四十里，曰鸡山，其上多美梓，多桑，其草多韭。

又东南五十里，曰高前之山。其上有水焉，甚寒而清，帝台之浆也，饮之者不心痛。其上有金，其下有赭。

又东南三十里，曰游戏之山，多杻、橿、穀，多玉，多封石。

又东南三十五里，曰从山，其上多松、柏，其下多竹。从水出于其上，潜于其下，其中多三足鳖，枝尾[19]，食之无蛊疾[20]。

又东南三十里，曰婴硜之山，其上多松、柏，其下多梓、櫄。

又东南三十里，曰毕山。帝苑之水出焉，东北流注于瀙[21]，其中多水玉，多蛟。其上多㻬琈之玉。

又东南二十里，曰乐马之山。有兽焉，其状如彙，赤如丹火，其名曰狼[22]，见则其国大疫。

又东南二十五里，曰葴[23]山。瀙水出焉，东南流注于汝水，其中多人鱼，多蛟，多颉[24]。

又东四十里，曰婴山，其下多青雘，其上多金、玉。

又东三十里，曰虎首之山，多苴、椆、椐[25]。

又东二十里，曰婴侯之山，其上多封石，其下多赤锡。

又东五十里，曰大孰之山。杀水出焉，东北流注于瀙水，其中多白垩。

又东四十里，曰卑山，其上多桃、李、苴、梓，多纍[26]。

又东三十里，曰倚帝之山，其上多玉，其下多金。有兽焉，状如鼣[27]鼠，白耳白喙，名曰狙[28]如，见则其国有大兵。

又东三十里，曰鲵山，鲵水出于其上，潜于其下，其中多美垩。其上多金，其下多青雘。

又东三十里，曰雅山。澧水出焉，东流注于溉水，其中多大鱼。其上多美桑，其下多苴，多赤金。

又东五十五里，曰宣山。沦水出焉，东南流注于溉水，其中多蛟。其上有桑焉，大五十尺，其枝四衢，其叶大尺余，赤理、黄华、青柎，名曰帝女之桑。

又东四十五里，曰衡山，其上多青雘，多桑，其鸟多鸜鹆。

又东四十里，曰丰山，其上多封石，其木多桑，多羊桃，状如桃而方茎，可以为皮张〔29〕。

又东七十里，曰妪山，其上多美玉，其下多金，其草多鸡瀫。

又东三十里，曰鲜山，其木多楢、杻、苴，其草多虋冬〔30〕，其阳多金，其阴多铁。有兽焉，其状如膜犬〔31〕，赤喙、赤目、白尾，见则其邑有火，名曰狢〔32〕即。

又东三十里，曰皋山，其阳多金，其阴多美石。皋水出焉，东流注于澧水，其中多脃〔33〕石。

又东二十五里，曰大支之山，其阳多金，其木多榖、柞，无草。

又东五十里，曰区吴之山，其木多苴。

又东五十里，曰声匈之山，其木多榖，多玉，上多封石。

又东五十里，曰大骢之山，其阳多赤金，其阴多砥石。

又东十里，曰踵臼之山，无草木。

又东北七十里，曰历石之山，其木多荆、芑，其阳多黄金，其阴多砥石。有兽焉，其状如狸，而白首虎爪，名曰梁渠，见则其国有大兵。

又东南一百里，曰求山。求水出于其上，潜于其下，中有美赭。其木多苴，多䉋。其阳多金，其阴多铁。

又东二百里，曰丑阳之山，其上多椆、椐。有鸟焉，其状如乌而赤足，名曰䳐鵌〔34〕，可以御火。

又东三百里，曰奥山，其上多柏、杻、橿，其阳多㻬琈之玉。奥水出焉，东流注于瀙水。

又东三十五里，曰服山，其木多苴，其上多封石，其下多赤锡。

又东三百里，曰杳山，其上多嘉荣草，多金、玉。

又东三百五十里，曰几山，其木多楢、檀、杻，其草多香。有兽焉，其状如彘，黄身、白头、白尾，名曰闻獜，见则天下大风。

凡荆山之首，自翼望之山至于几山，凡四十八山，三千七百三十二里。其神状皆彘身人首。其祠：毛用一雄鸡祈瘗，婴用一珪，糈用五种之精。禾山，帝也，其祠：太牢之具，羞瘗倒毛[35]，婴用一璧。牛无常[36]。堵山、玉山，冢也，皆倒祠，羞用少牢，婴用吉玉。

注释

〔1〕湍：音专。

〔2〕贶：音况。

〔3〕漆：漆木。

〔4〕潕：音武。

〔5〕槠：音诸；树名，常绿乔木。

〔6〕蝯：通猿。

〔7〕泠：音铃。

〔8〕是和霜鸣：霜降则钟鸣。

〔9〕芧：音序；栎树。

〔10〕蜚：臭虫。

〔11〕若勺：似酒勺形。

〔12〕袟筒：音质雕。

〔13〕机桓：无患子树。

〔14〕軲：音姑。

〔15〕苴：通租。

〔16〕獜：音吝。

〔17〕驶牢：音央奋；跳跃。

〔18〕不风：不患风疾。

〔19〕枝尾：尾巴分叉。

〔20〕蛊疾：妖魔邪气。

〔21〕瀙：音沁；瀙水，位于河南省境内。

〔22〕狭：音立。

〔23〕葴：音真。

〔24〕颉：音斜；状如青狗。

〔25〕椆、椐：音愁、居；均为树名。

〔26〕虆：音磊；藤树。

〔27〕猷：音费。

〔28〕狙：音居。

〔29〕皮张：皮肤肿胀，浮肿。

〔30〕亹冬：天门冬。

〔31〕獏犬：一种高大浓毛、性情凶悍的犬类。

〔32〕狢：音移。

〔33〕脃：通脆。

〔34〕鴖鵌：音指图。

〔35〕羞瘗倒毛：牲畜倒着埋于地下。

〔36〕牛无常：太牢不必三种牲畜俱全。

中次十二山洞庭山之首，曰篇遇之山，无草木，多黄金。

又东南五十里，曰云山，无草木。有桂竹，甚毒，伤人必死。其上多黄金，其下多瑶琈之玉。

又东南一百三十里，曰龟山，其木多榖、柞、椆、椐，其上多黄金，其下多青雄黄，多扶竹[1]。

又东七十里，曰丙山，多筀竹[2]，多黄金、铜、铁、无木。

又东南五十里，曰风伯之山，其上多金玉，其下多痠[3]石、文石，多铁，其木多柳、杻、檀、楮。其东有林焉，曰莽浮之林，多美木、鸟、兽。

又东一百五十里，曰夫夫之山，其上多黄金，其下多青雄黄，其木多桑、楮，其草多竹、鸡鼓[4]。神于儿居之，其状人身而手操两蛇，常游于江渊，出入有光。

又东南一百二十里，曰洞庭之山，其上多黄金，其下多银、铁，其木多柤、梨、橘、櫾，其草多葌、蘪芜、芍药、芎藭。帝之二女居之，是常游于江渊。澧沅之风，交潇湘之渊，是在九江之间，出入必以飘风暴雨。是多怪神，状如人而载[5]蛇，左右手操蛇。多怪鸟。

又东南一百八十里，曰暴山，其木多棕、枏、荆、芑、竹、箭、䉋、箘[6]，其上多黄金、玉，其下多文石、铁，其兽多麋、鹿、麂、就[7]。

又东南二百里，曰即公之山，其上多黄金，其下多瑶琈之玉，其木多柳、杻、檀、桑。有兽焉，其状如龟，而白身赤首，名曰蛫[8]，是可以御火。

又东南一百五十九里，曰尧山，其阴多黄垩，其阳多黄金，其木多荆、芑、柳、檀，其草多藷萸、茮。

又东南一百里，曰江浮之山，其上多银、砥、砺，无草木，其兽多豕、鹿。

又东二百里，曰真陵之山，其上多黄金，其下多玉，其木多榖、柞、柳、杻，其草多荣草。

又东南一百二十里，曰阳帝之山，多美铜，其木多橿、杻、檿[9]、楮，其兽多麢、麝。

又南九十里，曰柴桑之山，其上多银，其下多碧，多泠石、赭，其木多柳、芑、楮、桑，其兽多麋、鹿，多白蛇、飞蛇。

又东二百三十里，曰荣余之山，其上多铜，其下多银，其木多柳、芑，其虫多怪蛇、怪虫。

凡洞庭山之首，自篇遇之山至于荣余之山，凡十五山，二千八百里。其神状皆鸟身而龙首。其祠：毛用一雄鸡、一牝豚刏[10]，糈用稌。凡夫夫之山、即公之山、尧山、阳帝之山皆冢也，其祠：皆肆[11]瘗，祈用酒，毛用少牢，婴用一吉玉。洞庭、荣余山神也，其祠：皆肆瘗，祈酒太牢祠，婴用圭璧十五,五采惠[12]之。

右中经之山，大凡百九十七山，二万一千三百七十一里。

大凡天下名山五千三百七十，居地，大凡六万四千五十六里。

禹曰：天下名山，经五千三百七十山，六万四千五十六里，居地也。言其五臧[13]，盖其余小山甚众，不足记云。天地之东西二万八千里，南北二万六千里，出水之山者八千里，受水者八千里，出铜之山四百六十七，出铁之山三千六百九十。此天地之所分壤树谷[14]也，戈矛之所发也，刀铩之所起也，能者有余，拙者不足。封于太山，禅于梁父，七十二家，得失之数[15]，皆在此内，是谓国用。

右《五臧山经》五篇，大凡一万五千五百三字。

注释

〔1〕扶竹：邛竹，可制手杖。

〔2〕箽竹：箽，音桂；即上文桂竹。

〔3〕痠：音酸。

〔4〕鸡鼓：鸡穀草。

〔5〕载：戴。

〔6〕箘：一种小竹子。

〔7〕就：通鹫；鹰科猛禽。

〔8〕蛫：音鬼。

〔9〕檿：音眼；山桑。

〔10〕钊：音机；切割。

〔11〕肆：陈列，摆设；肆瘗即先陈列牲畜、玉器，然后埋入地下。

〔12〕惠：通绘。

〔13〕臧：通藏。

〔14〕分壤树谷：划分疆土，种植庄稼。

〔15〕数：天命。

卷六 海外南经

原文

地之所载，六合[1]之间，四海之内，照之以日月，经之以星辰，纪之以四时，要之以太岁[2]，神灵所生，其物异形，或夭或寿，唯圣人能通其道。

海外自西南陬[3]至东南陬者。

结匈[4]国在其西南，其为人结匈。

南山在其东南。自此山来，虫为蛇，蛇号为鱼。一曰南山在结匈东南。

比翼鸟在其东，其为鸟青、赤，两鸟比翼。一曰在南山东。

羽民国在其东南，其为人长头，身生羽。一曰在比翼鸟东南，其为人长颊[5]。

有神人二八，连臂，为帝司夜[6]于此野。在羽民东。其为人小颊赤肩。

毕方鸟在其东，青水西，其为鸟一脚。一曰在二八神东。

讙头国在其南，其为人人面有翼，鸟喙，方[7]捕鱼。一曰在毕方东。或曰讙朱国。

厌火国在其南，其为人兽身黑色，火出其口中。一曰在讙朱东。

三珠树在厌火北，生赤水上，其为树如柏，叶皆为珠。一曰其为树若彗[8]。

三苗国在赤水东，其为人相随[9]。一曰三毛国。

载[10]国在其东，其为人黄，能操弓射蛇。一曰载国在三毛东。

贯匈国在其东，其为人匈有窍。一曰在载国东。

交胫[11]国在其东，其为人交胫。一曰在穿匈[12]东。

不死民在其东，其为人黑色，寿，不死。一曰在穿匈国东。

反舌国在其东，其为人反舌。一曰支舌国，在不死民东。

昆仑虚在其东，虚四方。一曰在反舌东，为虚四方。

羿与凿齿战于寿华之野，羿射杀之。在昆仑虚东。羿持弓矢，凿齿持盾。一曰戈。

三首国在其东，其为人一身三首。一曰在凿齿东。

周饶国在其东，其为人短小，冠带〔13〕。一曰焦侥〔14〕国在三首东。

长臂国在其东，捕鱼水中，两手各操一鱼。一曰在焦侥东，捕鱼海中。

狄山，帝尧葬于阳，帝喾〔15〕葬于阴。爰有熊、罴、文虎、蜼、豹、离朱〔16〕、视肉〔17〕。吁咽〔18〕、文王皆葬其所。一曰汤山。一曰爰有熊、罴、文虎、蜼、豹、离朱、鸱久〔19〕、视肉、虖交。

有范林方三百里。

南方祝融，兽身人面，乘两龙。

注释

〔1〕六合：四方上下即为六合。

〔2〕要之以太岁：以太岁所在正天时。

〔3〕陬：隅，角落。

〔4〕结匈：匈，通胸；或为鸡胸之意。

〔5〕颊：面颊。

〔6〕司夜：管理夜晚。

〔7〕方：正在。

〔8〕为树若彗：树的形状像扫把。

〔9〕为人相随：人们彼此跟随，像要远徙的样子。

〔10〕莪：音至。

〔11〕交胫：小腿相交。

〔12〕穿匈：即贯匈。

〔13〕冠带：戴着帽子，系着腰带。

〔14〕焦侥：即周饶，都是“侏儒”的转声。

〔15〕喾：音酷。

〔16〕离朱：或为三足乌。

〔17〕视肉：形如牛肝有二目，割去它的肉可重新生长。

〔18〕吁咽：或为帝舜。

〔19〕鸱久：或为鸺鹠。

卷七　海外西经

原文

海外自西南陬至西北陬者。

灭蒙鸟在结匈国北，为鸟青，赤尾。

大运山高三百仞，在灭蒙鸟北。

大乐之野，夏后启于此儛《九代》[1]，乘两龙，云盖三层。左手操翳[2]，右手操环，佩玉璜[3]。在大运山北。一曰大遗之野。

三身国在夏后启北，一首而三身。

一臂国在其北，一臂、一目、一鼻孔。有黄马，虎文，一目而一手。

奇肱[4]之国在其北。其人一臂三目，有阴有阳，乘文马。有鸟焉，两头，赤黄色，在其旁。

刑天与帝争神，帝断其首，葬之常羊之山。乃以乳为目，以脐为口，操干戚[5]以舞。

女祭、女薎[6]在其北，居两水间。薎操鱼䱉[7]，祭操俎[8]。

鸾[9]鸟、鶬[10]鸟，其色青黄，所经国亡。在女祭北。鸾鸟人面，居山上。一曰维鸟，青鸟、黄鸟所集。

丈夫国在维鸟北，其为人衣冠带剑。

女丑之尸，生而十日炙[11]杀之。在丈夫北。以右手鄣[12]其面。十日居上，女丑居山之上。

巫咸国在女丑北，右手操青蛇，左手操赤蛇。在登葆山，群巫所从上下也。

并封在巫咸东，其状如彘，前后皆有首，黑。

女子国在巫咸北，两女子居，水周之。一曰居一门中。

轩辕之国在穷山之际，其不寿者八百岁。在女子国北。人面蛇身，尾交首上。

穷山在其北，不敢西射，畏轩辕之丘。在轩辕国北。其丘方，四蛇相绕。

诸沃之野，沃民是处。鸾鸟自歌，凤鸟自舞；凤皇卵，民食之；甘露，民饮之；所欲自从也。百兽相与群居。在四蛇北。其人两手操卵食之，两鸟居前导之。

龙鱼陵居在其北，状如鲤。一曰鰕〔13〕。即有神圣乘此以行九野。一曰鳖鱼在沃野北，其为鱼也如鲤。

白民之国在龙鱼北，白身被〔14〕发。有乘黄，其状如狐，其背上有角，乘之寿二千岁。

肃慎之国在白民北。有树名曰雒棠，圣人代立，于此取衣〔15〕。

长股之国在雒棠北，被发。一曰长脚。

西方蓐收，左耳有蛇，乘两龙。

注释

〔1〕僸九代：僸，通舞;《九代》为乐曲名。

〔2〕翳：音义；伞盖。

〔3〕璜：玉器。

〔4〕奇肱：音机公。

〔5〕干戚：盾牌和大斧。

〔6〕蔑：音灭。

〔7〕觛：音旦；酒器。

〔8〕俎：肉案。

〔9〕鵹：音次。

〔10〕鶬：音詹。

〔11〕炙：炙烤。

〔12〕鄣：通障；遮挡。

〔13〕鰕：音虾；体型大的鲵鱼。

〔14〕被：通披，披散。

〔15〕于此取衣：用雒棠树皮做衣服。

卷八　海外北经

原文

海外自西北陬至东北陬者。

无启[1]之国在长股东，为人无启。

钟山之神，名曰烛阴，视为昼，瞑[2]为夜，吹为冬，呼为夏，不饮，不食，不息，息[3]为风。身长千里。在无启之东。其为物，人面，蛇身，赤色，居钟山下。

一目国在其东，一目中其面而居。

柔利国在一目东，为人一手一足，反膝，曲足居上。一云留利之国，人足反折。

共工之臣曰相柳氏，九首，以食于九山。相柳之所抵[4]，厥[5]为泽溪。禹杀相柳，其血腥，不可以树五谷种。禹厥之，三仞[6]三沮[7]，乃以为众帝之台。在昆仑之北，柔利之东。相柳者，九首人面，蛇身而青。不敢北射，畏共工之台。台在其东。台四方，隅有一蛇，虎色，首冲南方。

深目国在其东，为人深目，举一手。一曰在共工台东。

无肠之国在深目东，其为人长而无肠。

聂[8]耳之国在无肠国东，使两文虎，为人两手聂其耳。县[9]居海水中，及水所出入奇物。两虎在其东。

夸父与日逐走，入日。渴欲得饮，饮于河渭，河渭不足，北饮大泽。未至，道渴而死。弃其杖，化为邓林。

夸父国在聂耳东，其为人大，右手操青蛇，左手操黄蛇。邓林在其东，二树木。一曰博父。

禹所积石之山在其东，河水所入。

拘缨之国在其东，一手把缨。一曰利缨之国。

寻木长千里，在拘缨南，生河上西北。

跂踵国在拘缨东，其为人两足皆支。一曰反踵。

欧丝之野在反踵东，一女子跪据树欧[10]丝。

三桑无枝，在欧丝东，其木长百仞，无枝。

范林方三百里，在三桑东，洲环其下。

务隅之山，帝颛顼[11]葬于阳，九嫔葬于阴。一曰爰有熊、罴、文虎、离朱、鸱久、视肉。

平丘在三桑东，爰有遗玉、青马、视肉、杨柳、甘柤、甘华，百果所生。有两山夹上谷，二大丘居中，名曰平丘。

北海内有兽，其状如马，名曰騊駼[12]。有兽焉，其名曰驳，状如白马，锯牙，食虎、豹。有素兽焉，状如马，名曰蛩蛩[13]。有青兽焉，状如虎，名曰罗罗。

北方禺彊[14]，人面鸟身，珥两青蛇，践两青蛇。

注释

〔1〕启：后代。

〔2〕瞑：闭眼。

〔3〕息：气息。

〔4〕抵：接触，经过。

〔5〕厥：通撅；挖掘。

〔6〕仞：通牣；填充。

〔7〕沮：塌陷。

〔8〕聂：通摄；握持。

〔9〕县：通悬。

〔10〕欧：通呕；吐出。

〔11〕颛顼：音专虚。

〔12〕騊駼：音淘涂。

〔13〕蛩：音琼。

〔14〕禺彊：彊，音强；即水神。

卷九 海外东经

原文

海外自东南陬至东北陬者。

䃌[1]丘，爰有遗玉、青马、视肉、杨桃、甘柤、甘华。甘果所生，在东海。两山夹丘，上有树木。一曰嗟丘。一曰百果所在，在尧葬东。

大人国在其北，为人大，坐而削船[2]。一曰在䃌丘北。

奢比之尸在其北，兽身、人面、大耳，珥两青蛇。一曰肝榆之尸在大人北。

君子国在其北，衣冠带剑，食兽，使二文虎在旁，其人好让不争。有薰华草，朝生夕死。一曰在肝榆之尸北。

重重[3]在其北，各有两首。一曰在君子国北。

朝阳之谷，神曰天吴，是为水伯。在重重北两水间。其为兽也，八首人面，八足八尾，背青黄。

青丘国在其北，其人食五谷，衣丝帛。其狐四足九尾。一曰在朝阳北。

帝命竖亥步[4]，自东极至于西极，五亿十选[5]九千八百步。竖亥右手把算[6]，左手指青丘北。一曰禹令竖亥。一曰五亿十万九千八百步。

黑齿国在其北，为人黑齿，食稻啖蛇，一赤一青，在其旁。一曰在竖亥北，为人黑齿，食稻使蛇，其一蛇赤。

下有汤谷。汤谷上有扶桑，十日所浴，在黑齿北。居水中，有大木，九日居下枝，一日居上枝。

雨师妾在其北，其为人黑，两手各操一蛇，左耳有青蛇，右耳有赤蛇。一曰在十日北，为人黑身人面，各操一龟。

玄股之国在其北，其为人股黑，衣鱼食鸥[7]。两鸟夹之。一曰在雨师妾北。

毛民之国在其北，为人身生毛。一曰在玄股北。

劳民国在其北，其为人黑，食草果实。有一鸟两头。或曰教民。一曰在毛民北，为人面目手足尽黑。

东方句[8]芒，鸟身人面，乘两龙。

建平元年四月丙戌，待诏太常属臣望校治，侍中光禄勋臣龚、侍中奉车都尉光禄大夫臣秀领主省。

注释

〔1〕𩿧：音接。
〔2〕削船：削，通梢；削船即划船。
〔3〕虹：音虹。
〔4〕步：脚步丈量。
〔5〕选：音算；量词，万。
〔6〕算：通筭；计数用的筹码。
〔7〕鴎：音欧；海鸟。
〔8〕句：音勾。

卷十　海内南经

原文

海内东南陬以西者。

瓯[1]居海中。闽在海中，其西北有山。一曰闽中山在海中。

三天子鄣[2]山在闽西海北。一曰在海中。

桂林八树在番隅东。

伯虑国、离耳国、雕题国、北朐[3]国皆在郁水南。郁水出湘陵南海。一曰相虑。

枭阳国在北朐之西，其为人人面长唇，黑身有毛，反踵，见人则笑，左手操管。

兕在舜葬东，湘水南，其状如牛，苍黑，一角。

苍梧之山，帝舜葬于阳，帝丹朱葬于阴。

氾林方三百里，在狌狌东。

狌狌知人名，其为兽如豕而人面，在舜葬西。

狌狌西北有犀牛，其状如牛而黑。

夏后启之臣曰孟涂，是司神于巴，巴人讼[4]于孟涂之所，其衣有血者乃执[5]之，是请生[6]。居山上，在丹山西。丹山在丹阳南，丹阳居属也。

窫窳龙首，居弱水中，在狌狌之西，其状如貙[7]，龙首，食人。

有木，其状如牛，引之有皮[8]，若缨、黄蛇[9]。其叶如罗[10]，其实如栾[11]，其木若莅[12]，其名曰建木。在窫窳西弱水上。

氐[13]人国在建木西，其为人人面而鱼身，无足。

巴蛇食象，三岁而出其骨，君子服之，无心腹之疾。其为蛇青黄赤黑。一曰黑蛇青首，在犀牛西。

旄马[14]，其状如马，四节有毛，在巴蛇西北，高山南。

注释

〔1〕瓯：古地名，今浙江省温州一带。

〔2〕三天子鄣：山名。

〔3〕朐：音渠。

〔4〕讼：打官司。

〔5〕执：拘禁。

〔6〕请生：好生之德。

〔7〕貙：音初。

〔8〕引之有皮：牵引它就有皮掉下来。

〔9〕若缨、黄蛇：像缨带又像黄蛇。

〔10〕罗：罗网。

〔11〕栾：栾木的果实。

〔12〕蓲：音欧；刺榆树。

〔13〕氐：音底。

〔14〕旄马：髦马。

卷十一　海内西经

原文

海内西南陬以北者。

后稷之葬，山水环之。在氐国[1]西。

流黄酆[2]氏之国，中[3]方三百里，有涂[4]四方，中有山。在后稷葬西。

流沙出钟山，西行又南行昆仑之虚，西南入海黑水之山。

国在流沙中者埻[5]端、玺㬇[6]，在昆仑虚东南。一曰海内之郡，不为郡县，在流沙中。

国在流沙外者大夏、竖沙、居繇、月支之国。

西胡白玉山在大夏东，苍梧在白玉山西南，皆在流沙西，昆仑虚东南。昆仑山在西胡西。皆在西北。

海内昆仑之虚，在西北，帝之下都。昆仑之虚，方八百里，高万仞。上有木禾，长五寻[7]，大五围[8]。面有九井，以玉为槛[9]。面有九门，门有开明兽守之，百神之所在。在八隅之岩，赤水之际，非仁羿[10]莫能上冈之岩。

赤水出东南隅，以行其东北，西南流注南海厌火东。

河水出东北隅，以行其北，西南又入渤海，又出海外，即西而北，入禹所导积石山。

洋[11]水、黑水出西北隅，以东，东行，又东北，南入海，羽民南。

弱水、青水出西南隅，以东，又北，又西南，过毕方鸟东。

昆仑南渊深三百仞。开明兽身大类虎而九首，皆人面，东向立昆仑上。

开明西有凤皇、鸾鸟，皆戴蛇践蛇，膺[12]有赤蛇。

开明北有视肉、珠树、文玉树、玗[13]琪树、不死树。凤皇、鸾鸟皆戴瞂[14]。又有离朱、木禾、柏树、甘水、圣木曼兑，一曰挺木牙交。

开明东有巫彭、巫抵、巫阳、巫履、巫凡、巫相，夹窫窳之尸，皆操不死之药以距之。窫窳者，蛇身人面，贰负臣所杀也。

服常树，其上有三头人，伺琅玕树〔15〕。

开明南有树鸟，六首；蛟、蝮、蛇、蜼、豹、鸟秩树〔16〕，于表池树木，诵鸟、鶽〔17〕、视肉。

蛇巫之山，上有人操柸〔18〕而东向立。一曰龟山。

西王母梯几〔19〕而戴胜〔20〕。其南有三青鸟，为西王母取食。在昆仑虚北。

注释

〔1〕氐国：即上文氐人国。

〔2〕酆：音丰。

〔3〕中：域中，国土以内。

〔4〕涂：通途；道路。

〔5〕埻：音敦；埻端，古地名。

〔6〕玺暵：音喜唤；古地名。

〔7〕寻：八尺为一寻。

〔8〕围：成年人合抱的长度为一围。

〔9〕槛：音建；栏杆。

〔10〕仁羿：仁即夷之借字，夷羿即羿。

〔11〕洋：音详。

〔12〕膺：胸口。

〔13〕玗琪：玗，音于；赤玉属。

〔14〕瞂：音伐；盾牌。

〔15〕琅玕树：琅玕，音郎甘；果实为珠玉的仙树。

〔16〕鸟秩树：木名。

〔17〕鶽：音笋；雕类猛禽。

〔18〕柸：即杯。

〔19〕梯几：倚靠矮小的桌子。

〔20〕胜：首饰。

卷十二　海内北经

原文

海内西北陬以东者。

匈奴、开题之国、列人之国并在西北。

贰负之臣曰危，危与贰负杀窫窳。帝乃梏[1]之疏属之山，桎[2]其右足，反缚两手，系之山上木。在开题西北。

有人曰大行伯，把戈。其东有犬封国。贰负之尸在大行伯东。

犬封国曰犬戎国，状如犬。有一女子，方跪进杯食[3]。有文马，缟[4]身朱鬣，目若黄金，名曰吉量，乘之寿千岁。

鬼国在贰负之尸北，为物人面而一目。一曰贰负神在其东，为物人面蛇身。

蜪[5]犬如犬，青，食人从首始。

穷奇状如虎，有翼，食人从首始，所食被发。在蜪犬北。一曰从足。

帝尧台、帝喾台、帝丹朱台、帝舜台，各二台，台四方，在昆仑东北。

大蜂，其状如螽[6]；朱蛾，其状如蛾。

蟜[7]，其为人虎文，胫有䏿[8]。在穷奇东。一曰状如人，昆仑虚北所有。

阘[9]非，人面而兽身，青色。

据比之尸，其为人折颈被发，无一手。

环狗，其为人兽首人身。一曰猬状如狗，黄色。

袜[10]，其为物人身、黑首、从目[11]。

戎，其为人人首三角。

林氏国有珍兽，大若虎，五采毕具，尾长于身，名曰驺吾，乘之日行千里。

昆仑虚南所，有氾林方三百里。

从极之渊，深三百仞，维冰夷[12]恒都焉。冰夷人面，乘两龙。一曰忠极之渊。

阳汙[13]之山，河出其中；凌门之山，河出其中。

王子夜之尸，两手、两股、胸、首、齿，皆断异处。

大泽方百里，群鸟所生及所解[14]。在雁门北。

雁门山，雁出其间。在高柳北。

高柳在代北。

舜妻登比氏生宵明、烛光，处河大泽，二女之灵能照此所方百里。一曰登北氏。

东胡在大泽东。

夷人在东胡东。

貊[15]国在泽水东北。地近于燕，灭之。

孟鸟在貊国东北。其鸟文赤、黄、青，东乡[16]。

注释

〔1〕梏：刑具，拘禁之意。

〔2〕桎：刑具，用来拘住双脚。

〔3〕跪进杯食：跪在地上，进奉酒食。

〔4〕缟：白色的丝绸织物，代指白色。

〔5〕蜪：音陶。

〔6〕螽：音终；蝗虫。

〔7〕蟜：音桥。

〔8〕胫有脊：胫，小腿；脊，强劲的筋。

〔9〕阘：音踏。

〔10〕袜：音魅。

〔11〕从目：竖目。

〔12〕冰夷：冯（音平）夷，即河伯。

〔13〕汙：音淤。

〔14〕群鸟所生及所解：群鸟生育及换毛的地方。

〔15〕貊：音末。

〔16〕东乡：乡通向，东向即面朝东。

卷十三　海内东经

原文

海内东北陬以南者。

钜[1]燕在东北陬。

盖国在钜燕南，倭北。倭属燕。

朝鲜在列阳东，海北山南。列阳属燕。

列姑射[2]在海河州中。

姑射国在海中，属列姑射。西南，山环之。

大蟹在海中。

陵鱼人面，手足，鱼身，在海中。

大鯾[3]居海中。

明组邑[4]居海中。

蓬莱山在海中。

大人之市在海中。

琅邪[5]台在渤海间，琅邪之东。其北有山。一曰在海间。

都州在海中。一曰郁州。

韩雁在海中，都州南。

始鸠在海中，辕厉南。

雷泽中有雷神，龙身而人头，鼓其腹[6]。在吴西。

会[7]稽山在楚南。

建平元年四月丙戌，待诏太常属臣望校治，待中光禄勋臣龚、待中奉车都尉光禄大夫臣秀领主省。

注释

〔1〕钜：通巨。

〔2〕列姑射：古国名；射，音夜。

〔3〕鳊：音编。

〔4〕明组邑：海岛上的部落。

〔5〕琅邪：音郎牙。

〔6〕鼓其腹：鼓动腹部便会打雷。

〔7〕会：音快。

卷十四　大荒东经

原文

东海之外有大壑，少昊之国。少昊孺[1]帝颛顼于此，弃其琴瑟[2]。

有甘山者，甘水出焉，生甘渊。

东南海之外，甘水之间，有羲和之国，有女子名曰羲和，方浴日于甘渊。羲和者，帝俊之妻，是生十日。

大荒东南隅有山，名皮母地丘。

东海之外，大荒之中，有山名曰大言，日月所出。

有波谷山者，有大人之国。有大人之市，名曰大人之堂。有一大人踆[3]其上，张其两臂。

有小人国，名靖人。

有神，人面兽身，名曰犁䰠[4]之尸。

有潏[5]山，杨水出焉。

有蒍[6]国，黍食，使四鸟：虎、豹、熊、罴。

大荒之中，有山名曰合虚，日月所出。

有中容之国。帝俊生中容，中容人食兽、木实[7]，使四鸟：豹、虎、熊、罴。

有东口之山。有君子之国，其人衣冠带剑。

有司幽之国。帝俊生晏龙，晏龙生司幽。司幽生思士，不妻；思女，不夫。食黍，食兽，是使四鸟。

大荒之中，有山名曰明星，日月所出。

有白民之国。帝俊生帝鸿，帝鸿生白民，白民销姓，黍食，使四鸟：虎、豹、熊、罴。

有青丘之国，有狐，九尾。

有柔仆民，是唯嬴土之国。

有黑齿之国。帝俊生黑齿，姜姓，黍食，使四鸟。

有夏州之国。有盖余之国。

有神人，八首人面，虎身十尾，名曰天吴。

大荒之中，有山名曰鞠陵于天、东极、离瞀[8]，日月所出。有神名曰折丹——东方曰折，来风曰俊——处东极以出入风。

东海之渚中，有神，人面鸟身，珥两黄蛇，践两黄蛇，名曰禺虢[9]。黄帝生禺虢。禺虢生禺京。禺京处北海，禺虢处东海，是唯海神。

有招摇山，融水出焉。有国曰玄股，黍食，使四鸟。

有因民国，勾姓，黍食。有人曰王亥，两手操鸟，方食其头。王亥托于有易、河伯仆牛。有易杀王亥，取仆牛。河伯念有易，有易潜出，为国于兽，方食之，名曰摇民。帝舜生戏，戏生摇民。

海内有两人，名曰女丑。女丑有大蟹。

大荒之中，有山名曰孽摇頵羝[10]。上有扶木，柱[11]三百里，其叶如芥[12]。有谷曰温源谷。汤谷上有扶木，一日方至，一日方出，皆载于乌。

有神，人面、犬耳、兽身，珥两青蛇，名曰奢比尸。

有五采之鸟，相乡弃沙[13]。惟帝俊下友。帝下两坛，采鸟是司。

大荒之中，有山名曰猗天苏门，日月所生。

有壎[14]民之国。有綦[15]山。又有摇山。有䰝[16]山，又有门户山，又有盛山。又有待山。有五采之鸟。

东荒之中，有山名曰壑明俊疾，日月所出。有中容之国。

东北海外，又有三青马、三骓[17]、甘华。爰有遗玉、三青鸟、三骓、视肉、甘华、甘柤。百谷所在。

有女和月母之国。有人名曰鳧[18]——北方曰鳧，来风曰狻[19]——是处东极隅以止日月，使无相间出没[20]，司其短长。

大荒东北隅中，有山名曰凶犁土丘。应龙处南极，杀蚩尤与夸父，不得复上，故下数[21]旱。旱而为应龙之状，乃得大雨。

东海中有流波山，入海七千里。其上有兽，状如牛，苍身而无角，一足，出入水则必风雨，其光如日是月，其声如雷，其名曰夔。黄帝得之，以其皮为鼓，橛[22]以雷兽之骨，声闻五百里，以威天下。

注释

〔1〕孺：养育。

〔2〕弃其琴瑟：把颛顼幼年操练过的琴瑟丢在沟壑里。

〔3〕踆：音村，通蹲。

〔4〕䰱：音灵。

〔5〕潏：音决。

〔6〕蒍：音伟。

〔7〕木实：树木的果实。

〔8〕瞀：音冒。

〔9〕禺虢：或为禺号。虢或作號。

〔10〕颛𩡧：音君低。

〔11〕柱：柱子般直立。

〔12〕芥：芥菜。

〔13〕弃沙：字义不详，或是婆娑（婆娑）之讹误，盘旋而舞之貌。

〔14〕壎：音熏。

〔15〕綦：音齐。

〔16〕䝬：音赠。

〔17〕三骓：三骓马。

〔18〕䶂：音婉。

〔19〕狭：音演。

〔20〕无相间出没：无交相错乱地进出。

〔21〕数：屡次。

〔22〕橛：敲打。

卷十五　大荒南经

原文

南海之外，赤水之西，流沙之东，有兽，左右有首，名曰跊[1]踢。有三青兽相并，名曰双双。

有阿山者。南海之中，有氾天之山，赤水穷焉。赤水之东，有苍梧之野，舜与叔均所葬也。爰有文贝、离俞[2]、鸱久、鹰、贾[3]、委维[4]、熊、罴、象、豹、狼、视肉。

有荣山，荣水出焉。黑水之南，有玄蛇，食麈。

有巫山者，西有黄鸟。帝药，八斋[5]。黄鸟于巫山，司此玄蛇。

大荒之中，有不庭之山，荣水穷焉。有人三身，帝俊妻娥皇，生此三身之国，姚姓，黍食，使四鸟。有渊四方，四隅皆达，北属[6]黑水，南属大荒。北旁名曰少和之渊，南旁名曰从渊，舜之所浴也。

又有成山，甘水穷焉。有季禺之国，颛顼之子，食黍。有羽民之国，其民皆生毛羽。有卵民之国，其民皆生卵。

大荒之中，有不姜之山，黑水穷焉。又有贾山，汔[7]水出焉。又有言山。又有登备之山。有恝恝[8]之山。又有蒲山，澧水出焉。又有隗[9]山，其西有丹，其东有玉。又南有山，漂水出焉。有尾山。有翠山。

有盈民之国，於姓，黍食。又有人方食木叶。

有不死之国，阿姓，甘木是食。

大荒之中，有山名曰去痓[10]。南极果，北不成，去痓果[11]。

南海渚中，有神，人面，珥两青蛇，践两赤蛇，曰不廷胡余。

有神名曰因因乎——南方曰因乎，来风曰乎民——处南极以出入风。

有襄山。又有重阴之山。有人食兽，曰季厘。帝俊生季厘，故曰季厘之国。

有缗[12]渊。少昊生倍伐，倍伐降处缗渊。有水四方，名曰俊坛。

有蔵民之国。帝舜生无淫，降蔵处，是谓巫蔵民。巫蔵民朌[13]姓，食谷，不绩不经[14]，服也；不稼不穑[15]，食也。爰有歌舞之鸟，鸾鸟自歌，凤鸟自舞。爰有百兽，相群爰处。百谷所聚。

大荒之中，有山名曰融天，海水南入焉。

有人曰凿齿，羿杀之。

有蜮[16]山者，有蜮民之国，桑姓，食黍，射蜮是食。有人方扜[17]弓射黄蛇，名曰蜮人。

有宋山者，有赤蛇，名曰育蛇。有木生山上，名曰枫木。枫木，蚩尤所弃其桎梏，是为枫木。

有人方齿虎尾，名曰祖状之尸。

有小人，名曰焦侥之国，几姓，嘉谷是食。

大荒之中，有山名死[18]涂之山，青水穷焉。有云雨之山，有木名曰栾。禹攻云雨。有赤石焉生栾，黄本，赤枝，青叶，群帝焉取药。

有国曰伯服。颛顼生伯服，食黍。有鼬姓之国。有苕山。又有宗山。又有姓山。又有壑山。又有陈州山。又有东州山。又有白水山，白水出焉，而生白渊，昆吾之师所浴也。

有人名曰张弘，在海上捕鱼。海中有张弘之国，食鱼，使四鸟。

有人焉，鸟喙，有翼，方捕鱼于海。大荒之中，有人名曰驩[19]头。鲧[20]妻士敬，士敬子曰炎融，生驩头。驩头人面鸟喙，有翼，食海中鱼，杖翼而行。维宜芑苣[21]，穋[22]杨是食。有驩头之国。

帝尧、帝喾、帝舜葬于岳山。爰有文贝、离俞、鸱久、鹰、延维、视肉、熊、罴、虎、豹；朱木，赤枝、青华，玄实。有申山者。

大荒之中，有山名曰天台高山，海水南入焉。

有盖犹之山者，其上有甘柤，枝干皆赤，黄叶，白华，黑实。东又有甘华，枝干皆赤，黄叶。有青马，有赤马，名曰三骓。有视肉。

有小人，名曰菌人。

有南类之山。爰有遗玉、青马、三骓、视肉、甘华。百谷所在。

注释

〔1〕踀：音触。

〔2〕离俞：即离朱，见于《海外南经》，或为三足乌

〔3〕贾：鹰类动物。

〔4〕委维：或为神延维，见于《海内经》。

〔5〕帝药，八斋：天帝的仙药共有八所。

〔6〕属：连接。

〔7〕汔：音气。

〔8〕朅：音气。

〔9〕隗：音伟。

〔10〕痓：音至。

〔11〕南极果，北不成，去痓果：语义不详，疑为巫师咒语。

〔12〕缗：音民。

〔13〕朌：音焚。

〔14〕不绩不经：绩、经均指纺织、织布一类的行为。

〔15〕不稼不穑：稼、穑均指农业劳作、耕种一类的行为。

〔16〕蜮：音玉；能含沙射人的一种动物，被射中则病死。

〔17〕扜：音淤；挽，张。

〔18〕殇：音杇。

〔19〕驩：音欢。

〔20〕鲧：音滚。

〔21〕芑苣：音起巨；黑色谷物。

〔22〕秬：音路；黑色谷物。

卷十六 大荒西经

原文

西北海之外，大荒之隅，有山而不合，名曰不周，有两黄兽守之。有水曰寒暑之水。水西有湿山，水东有幕山。有禹攻共工国山。

有国名曰淑士，颛顼之子。

有神十人，名曰女娲之肠，化为神，处栗广之野，横道而处。

有人名曰石夷，西方曰夷，来风曰韦，处西北隅以司日月之长短。

有五采之鸟，有冠，名曰狂鸟。

有大泽之长山。有白氏之国。

西北海之外，赤水之东，有长胫之国。

有西周之国，姬姓，食谷。有人方耕，名曰叔均。帝俊生后稷，稷降以百谷[1]。稷之弟曰台玺，生叔均。叔均是代其父及稷播百谷，始作耕。有赤国妻氏。有双山。

西海之外，大荒之中，有方山者，上有青树，名曰柜[2]格之松，日月所出入也。

西北海之外，赤水之西，有先民之国，食谷，使四鸟。

有北狄之国。黄帝之孙曰始均，始均生北狄。

有芒山。有桂山。有榣山，其上有人，号曰太子长琴。颛顼生老童，老童生祝融，祝融生太子长琴，是处榣山，始作乐风。

有五采鸟三名：一曰皇鸟，一曰鸾鸟，一曰凤鸟。

有虫状如菟，胸以后者裸不见，青如猨状。

大荒之中，有山名曰丰沮玉门，日月所入。

有灵山，巫咸、巫即、巫肦、巫彭、巫姑、巫真、巫礼、巫抵、巫谢、巫罗十巫，从此升降，百药爰在。

西有王母之山、壑山、海山。有沃民之国，沃民是处。沃之野，凤鸟之卵是食，甘露是饮。凡其所欲，其味尽存[3]。爰有甘华、甘柤、白柳、视肉、三骓、璇瑰[4]、瑶碧、白木、琅玕、白丹、青丹，多银、铁。鸾鸟自歌，凤鸟自舞，爰有百兽，相群是处，是谓沃之野。

有三青鸟，赤首黑目，一名曰大鵹，一曰少鵹，一名曰青鸟。

有轩辕之台，射者不敢西向射，畏轩辕之台。

大荒之中，有龙山，日月所入。有三泽水，名曰三淖[5]，昆吾[6]之所食也。

有人衣青，以袂[7]蔽面，名曰女丑之尸。

有女子之国。

有桃山。有宝[8]山。有桂山。有于土山。

有丈夫之国。

有弇[9]州之山，五采之鸟仰天，名曰鸣鸟。爰有百乐歌儛之风。

有轩辕之国。江山之南栖为吉。不寿者乃八百岁。

西海陼中，有神，人面鸟身，珥两青蛇，践两赤蛇，名曰弇兹。

大荒之中，有山名曰日月山，天枢也。吴姖天门，日月所入。有神，人面无臂，两足反属于头上，名曰嘘。颛顼生老童，老童生重及黎，帝令重献[10]上天，令黎卬[11]下地。下地是生噎，处于西极，以行[12]日月星辰之行次[13]。

有人反臂，名曰天虞。

有女子方浴月。帝俊妻常羲，生月十有二，此始浴之。

有玄丹之山。有五色之鸟，人面有发。爰有青鸢[14]、黄鷔[15]，青鸟、黄鸟，其所集者其国亡。

有池，名孟翼之攻颛顼之池。

大荒之中，有山名曰鏖鏊钜[16]，日月所入者。

有兽，左右有首，名曰屏蓬。

有巫山者。有壑山者。有金门之山，有人名曰黄姖之尸。有比翼之鸟。有白鸟，青翼、黄尾、玄喙。有赤犬，名曰天犬，其所下者有兵。

西海之南，流沙之滨，赤水之后，黑水之前，有大山，名曰昆仑之丘。有神，人面虎身，有文有尾，皆白，处之。其下有弱水之渊环之，其外有炎火之山，投物辄然〔17〕。有人戴胜，虎齿，有豹尾，穴处，名曰西王母。此山万物尽有。

大荒之中，有山名曰常阳之山，日月所入。

有寒荒之国。有二人女祭、女薎。

有寿麻之国。南岳娶州山女，名曰女虔。女虔生季格，季格生寿麻。寿麻正立无景〔18〕，疾呼无响。爰有大暑，不可以往。

有人无首，操戈盾立，名曰夏耕之尸。故成汤伐夏桀于章山，克之，斩耕厥〔19〕前。耕既立，无首，走厥咎〔20〕，乃降于巫山。

有人名曰吴回，奇左，是无右臂。

有盖山之国。有树，赤皮枝干，青叶，名曰朱木。

有一臂民。

大荒之中，有山，名曰大荒之山，日月所入。有人焉三面，是颛顼之子，三面一臂，三面之人不死。是谓大荒之野。

西南海之外，赤水之南，流沙之西，有人珥两青蛇，乘两龙，名曰夏后开〔21〕。开上三嫔〔22〕于天，得《九辩》与《九歌》以下。此天穆之野，高二千仞，开焉得始歌《九招》。

有氐人之国。炎帝之孙名曰灵恝，灵恝生氐人，是能上下于天。

有鱼偏枯，名曰鱼妇。颛顼死即复苏。风道北来，天乃大水泉，蛇乃化为鱼，是为鱼妇。颛顼死即复苏〔23〕。

有青鸟，身黄，赤足，六首，名曰鸀〔24〕鸟。

有大巫山。有金之山。西南，大荒之中隅，有偏句、常羊之山。

按：夏后开即启，避汉景帝讳云[25]。

注释

〔1〕降以百谷：把各种谷物从天界带到人间。
〔2〕柜：音举。
〔3〕凡其所欲，其味尽存：凡是想尝到的滋味，此处皆有。
〔4〕璇瑰：玉名。
〔5〕淖：音闹。
〔6〕昆吾：上古时的部落。
〔7〕袂：衣服袖子。
〔8〕虻：音萌。
〔9〕衾：音眼。
〔10〕献：托举。
〔11〕印：通抑，向下按。
〔12〕行：掌管。
〔13〕行次：运行次序。
〔14〕鸢：音文。
〔15〕鹜：音敖。
〔16〕鏖鏊钜：音敖奥巨。
〔17〕然：通燃；燃烧。
〔18〕景：通影；影子。
〔19〕厥：其，此处代指夏桀。
〔20〕走厥咎：走，逃避；咎，罪责。
〔21〕夏后开：夏启，为避汉景帝刘启的名讳，改“启”为“开”。
〔22〕嫔：通宾；做客。
〔23〕颛顼死即复苏：颛顼趁蛇鱼变化未定之机，进入鱼的身体死而复生。
〔24〕蠋：音触。
〔25〕此按语为原书所有，未详作者。

卷十七　大荒北经

原文

东北海之外，大荒之中，河水之间，附禺之山，帝颛顼与九嫔葬焉。爰有鸱久、文贝、离俞、鸾鸟、凤鸟、大物、小物[1]。有青鸟、琅鸟、玄鸟、黄鸟、虎、豹、熊、罴、黄蛇、视肉、璿瑰、瑶碧，皆出于山。卫丘方员三百里，丘南帝俊竹林在焉，大可为舟。竹南有赤泽水，名曰封渊。有三桑无枝。丘西有沈渊，颛顼所浴。

有胡不与之国，烈姓，黍食。

大荒之中，有山名曰不咸，有肃慎氏之国。有蜚蛭[2]，四翼。有虫，兽首蛇身，名曰琴虫。

有人名曰大人。有大人之国，釐[3]姓，黍食。有大青蛇，黄头，食麈。

有榆山。有鲧攻程州之山。

大荒之中，有山名曰衡天。有先民之山。有槃[4]木千里。

有叔歜[5]国，颛顼之子，黍食，使四鸟：虎、豹、熊、罴。有黑虫如熊状，名曰猎猎。

有北齐之国，姜姓，使虎、豹、熊、罴。

大荒之中，有山名曰先槛大逢之山，河济所入，海北注焉。其西有山，名曰禹所积石。

有阳山者。有顺山者，顺水出焉。有始州之国，有丹山。

有大泽方千里，群鸟所解[6]。

有毛民之国，依姓，食黍，使四鸟。禹生均国，均国生役采，役采生修鞈[7]，修鞈杀绰人。帝念之，潜为之国，是此毛民。

有儋[8]耳之国，任姓，禺号子，食谷。北海之渚中，有神，人面鸟身，珥两青蛇，践两赤蛇，名曰禺强。

大荒之中，有山名曰北极天柜，海水北注焉。有神，九首人面鸟身，名曰九凤。又有神，衔蛇操蛇，其状虎首人身，四蹄长肘，名曰强良。

大荒之中，有山名曰成都载天。有人珥两黄蛇，把两黄蛇，名曰夸父。后土生信，信生夸父。夸父不量力，欲追日景[9]，逮之于禺谷。将饮河而不足也，将走大泽，未至，死于此。应龙已杀蚩尤，又杀夸父，乃去南方处之，故南方多雨。

又有无肠之国，是任姓。无继子，食鱼。

共工臣名曰相繇，九首蛇身，自环，食于九土；其所歍[10]所尼[11]，即为源泽，不辛乃苦[12]，百兽莫能处。禹湮[13]洪水，杀相繇，其血腥臭，不可生谷，其地多水，不可居也。禹湮之，三仞[14]三沮[15]，乃以为池，群帝因是以为台。在昆仑之北。

有岳之山。寻竹生焉。

大荒之中，有名山曰不句，海水北入焉。

有系昆之山者，有共工之台，射者不敢北乡。有人衣青衣，名曰黄帝女魃[16]。蚩尤作兵伐黄帝，黄帝乃令应龙攻之冀州之野。应龙畜水，蚩尤请风伯雨师，纵大风雨。黄帝乃下天女曰魃，雨止，遂杀蚩尤。魃不得复上，所居不雨。叔均言之帝，后置之赤水之北。叔均乃为田祖。魃时亡[17]之，所欲逐之者，令曰:“神北行！”先除水道，决通沟渎[18]。

有人方食鱼，名曰深目民之国，盼姓，食鱼。

有钟山者。有女子衣青衣，名曰赤水女子魃。

大荒之中，有山名曰融父山，顺水入焉。有人名曰犬戎。黄帝生苗龙，苗龙生融吾，融吾生弄明，弄明生白犬，白犬有牝牡，是为犬戎，肉食。有赤兽，马状无首，名曰戎宣王尸。

有山名曰齐州之山、君山、鬵[19]山、鲜野山、鱼山。

有人一目，当面中生。一曰是威姓，少昊之子，食黍。

有继无民，继无民任姓，无骨[20]子，食气、鱼。

西北海外，流沙之东，有国曰中褊[21]，颛顼之子，食黍。

有国名曰赖丘。有犬戎国。有人，人面兽身，名曰犬戎。

西北海外，黑水之北，有人有翼，名曰苗民。颛顼生驩头，驩头生苗民，苗民釐姓，食肉。有山名曰章山。

大荒之中，有衡石山、九阴山、灰野之山，上有赤树，青叶赤华，名曰若木。

有牛黎之国。有人无骨，儋耳之子。

西北海之外，赤水之北，有章尾山。有神，人面蛇身而赤，身长千里，直目正乘[22]，其瞑乃晦[23]，其视乃明，不食不寝不息，风雨是谒[24]。是烛九阴，是谓烛龙。

注释

〔1〕大物、小物：皆指陪葬之物。

〔2〕蜚蛭：音翡至。

〔3〕釐：音西；通僖。

〔4〕槃：音盘。

〔5〕歜：音触。

〔6〕群鸟所解：各种鸟类在此更换羽毛。

〔7〕靲：音革。

〔8〕儋：音丹。

〔9〕景：通影。

〔10〕欨：音巫；呕吐。

〔11〕尼：停留，止息。

〔12〕不辛乃苦：不是辛辣就是苦，气味强烈。

〔13〕湮：堵塞。

〔14〕仞：通轫；填充。

〔15〕沮：塌陷。

〔16〕魃：音拔。

〔17〕亡：逃亡。

〔18〕渎：沟渠。

〔19〕鶱：音前。

〔20〕无骨：即下文的牛黎之国。

〔21〕褊：音扁。

〔22〕直目正乘：眼睛竖生，眼皮是两条直缝。

〔23〕其瞑乃晦：闭眼即是黑夜。

〔24〕谒：通噎；吞食。

卷十八　海内经

原文

东海之内，北海之隅，有国名曰朝鲜、天毒[1]，其人水居[2]，偎人爱人[3]。

西海之内，流沙之中，有国名曰壑市。

西海之内，流沙之西，有国名曰氾叶。

流沙之西，有鸟山者，三水出焉。爰有黄金、璿瑰、丹货、银铁，皆流于此中。又有淮山，好水出焉。

流沙之东，黑水之西，有朝云之国、司彘之国。黄帝妻雷祖，生昌意。昌意降处若水，生韩流。韩流擢[4]首、谨耳、人面、豕喙、麟身、渠股[5]、豚止[6]，取淖子曰阿女，生帝颛顼。

流沙之东，黑水之间，有山名不死之山。

华山青水之东，有山名曰肇山。有人名曰柏子高，柏子高上下于此，至于天。

西南黑水之间，有都广之野，后稷葬焉。其城方三百里，盖天地之中，素女所出也。爰有膏菽、膏稻、膏黍、膏稷，百谷自生，冬夏播琴[7]。鸾鸟自歌，凤鸟自儛，灵寿实华[8]，草木所聚。爰有百兽，相群爰处。此草也，冬夏不死。

南海之外，黑水青水之间，有木名曰若木，若水出焉。

有禺中之国。有列襄之国。有灵山，有赤蛇在木上，名曰蝡[9]蛇，木食。

有盐长之国。有人焉鸟首，名曰鸟氏。

有九丘，以水络之：名曰陶唐之丘、叔得之丘、孟盈之丘、昆吾之丘、黑白之丘、赤望之丘、参卫之丘、武夫之丘、神民之丘。有木，青叶紫茎，玄华黄实，百仞无枝，上有九欘[10]，下有九枸[11]，其实如麻，其叶如芒。大皞[12]爰过，黄帝所为。

有窫窳，龙首，是食人。有青兽，人面，名曰猩猩。

西南有巴国。大皞生咸鸟，咸鸟生乘厘，乘厘生后照，后照是始为巴人。

有国名曰流黄辛氏，其域中方三百里，其出是尘土。有巴遂山，渑水出焉。

又有朱卷之国。有黑蛇，青首，食象。

南方有赣巨人，人面长唇，黑身有毛，反踵，见人则笑，唇蔽其面，因可逃也。

又有黑人，虎首鸟足，两手持蛇，方啖[13]之。

有嬴[14]民，鸟足。有封豕[15]。

有人曰苗民。有神焉，人首蛇身，长如辕，左右有首，衣紫衣，冠旃[16]冠，名曰延维，人主得而飨食之，伯[17]天下。

有鸾鸟自歌，凤鸟自舞。凤鸟首文曰德，翼文曰顺，膺文曰仁，背文曰义，见则天下和。

又有青兽如菟，名曰䓣[18]狗。有翠鸟。有孔鸟。

南海之内，有衡山，有菌山，有桂山。有山名三天子之都。

南方苍梧之丘，苍梧之渊，其中有九嶷[19]山，舜之所葬，在长沙零陵界中。

北海之内，有蛇山者，蛇水出焉，东入于海。有五采之鸟，飞蔽一乡，名曰翳鸟[20]。又有不距之山，巧倕[21]葬其西。

北海之内，有反缚盗械、带戈常倍之佐[22]，名曰相顾之尸。

伯夷父生西岳，西岳生先龙，先龙是始生氐羌，氐羌乞姓。

北海之内，有山，名曰幽都之山，黑水出焉。其上有玄鸟、玄蛇、玄虎、玄狐蓬尾。有大玄之山。有玄丘之民。有大幽之国。有赤胫[23]之民。

有钉灵之国，其民从膝以下有毛，马蹄善走。

炎帝之孙伯陵，伯陵同[24]吴权之妻阿女缘妇，缘妇孕三年，是生鼓、延、殳[25]。殳始为侯，鼓、延是始为钟，为乐风。

黄帝生骆明，骆明生白马，白马是为鲧。

帝俊生禺号，禺号生淫梁，淫梁生番禺，是始为舟。番禺生奚仲，奚仲生吉光，吉光是始以木为车。

少皞生般，般是始为弓矢。

帝俊赐羿彤弓素矰[26]，以扶下国，羿是始去恤下地之百艰[27]。

帝俊生晏龙，晏龙是为琴瑟。

帝俊有子八人，是始为歌舞。

帝俊生三身，三身生义均，义均是始为巧倕，是始作下民百巧。后稷是播百谷。稷之孙曰叔均，是始作牛耕。大比赤阴，是始为国。禹、鲧是始布土，均定九州。

炎帝之妻，赤水之子听訞[28]生炎居，炎居生节并，节并生戏器，戏器生祝融。祝融降处于江水，生共工。共工生术器，术器首方颠[29]，是复土壤[30]，以处江水。共工生后土，后土生噎鸣，噎鸣生岁十有二。

洪水滔天。鲧窃帝之息壤[31]以堙洪水，不待帝命。帝命祝融杀鲧于羽郊。鲧复生禹。帝乃命禹卒布土以定九州。

注释

〔1〕天毒：即天竺，今印度。

〔2〕水居：水边居住；印度南临印度洋。

〔3〕偎人爱人：对人怜悯慈爱。

〔4〕擢：长。

〔5〕渠股：两腿长在一起。

〔6〕豚止：猪蹄。

〔7〕播琴：播种。

〔8〕灵寿实华：灵寿，即椐树；实，即果实；华，即开花。

〔9〕蠋：音如。

〔10〕橘：音竹；弯曲的树枝。

〔11〕枸：音渠；盘错的树根。

〔12〕大皞：即太昊。

〔13〕啖：音旦；吃，咀嚼。

〔14〕蠃：音迎。

〔15〕封豕：大野猪。

〔16〕旃：音沾；红色。

〔17〕伯：通霸；主宰。

〔18〕菌：通菌。

〔19〕嶷：音疑。

〔20〕翳鸟：凤凰。

〔21〕巧倕：尧时巧匠；倕，音垂。

〔22〕常倍之佐：图谋叛乱之徒；倍，通背，背叛。

〔23〕赤胫：小腿为红色。

〔24〕同：私通。

〔25〕殳：音书。

〔26〕彤弓素矰：红色的弓和带有白色羽毛的箭；矰，音增。

〔27〕恤下地之百艰：救济人世间的各种困苦。

〔28〕訞：音妖。

〔29〕首方颠：头顶又方又平。

〔30〕是复土壤：恢复了祝融的所有土地。

〔31〕息壤：一种可以自我生长的土壤。

索引

K

L

M

N

O

P

Q

R

S

T

W

X

Y

Z